陈　敏◎著

公民问政

系列评论的
策划与写作

GONGMIN
WENZHENG

暨南大学出版社
JINAN UNIVERSITY PRESS

中国·广州

图书在版编目（CIP）数据

公民问政：系列评论的策划与写作/陈敏著．—广州：暨南大学出版社，2018.2
ISBN 978 - 7 - 5668 - 2315 - 1

Ⅰ．①公…　Ⅱ．①陈…　Ⅲ．①评论性新闻—策划②评论性新闻—新闻写作
Ⅳ．①G212.2

中国版本图书馆 CIP 数据核字（2018）第 022908 号

公民问政：系列评论的策划与写作
GONGMIN WENZHENG：XILIE PINGLUN DE CEHUA YU XIEZUO
著　者：陈　敏

出 版 人：徐义雄
策划编辑：张仲玲
责任编辑：亢东昌
责任校对：李林达
责任印制：汤慧君　周一丹

出版发行：暨南大学出版社（510630）
电　　话：总编室（8620）85221601
　　　　　营销部（8620）85225284　85228291　85228292（邮购）
传　　真：(8620) 85221583（办公室）　85223774（营销部）
网　　址：http：//www. jnupress. com
排　　版：广州市天河星辰文化发展部照排中心
印　　刷：广州市穗彩印务有限公司
开　　本：787mm×1092mm　1/16
印　　张：12.5
字　　数：230 千
版　　次：2018 年 2 月第 1 版
印　　次：2018 年 2 月第 1 次
定　　价：38.00 元

（暨大版图书如有印装质量问题，请与出版社总编室联系调换）

▶ 自　序

　　《公民问政：系列评论的策划与写作》一书收录了笔者 2013—2016 年在《新快报》《南方都市报》《羊城晚报》等媒体上发表的 111 篇新闻评论作品，并以此为基础，探讨系列新闻评论的策划与写作方法。

　　本书分为五个篇章，分别是：从细节出发，心平气和讲道理；环环相扣，多角度追问事实真相；勾连历史，在时空脉络里展开评论；合乎逻辑地推理，培养批判性思维；揭示被遮蔽的预设，提一个好问题。

　　坦白地讲，对地方性的公共事务、对一些老问题长年累月地持续追问，每次又要写出新意，并不是一件容易的事。如本书中辑录的这些文章，鲜少指点江山的豪迈、华丽辞藻的修辞，更多的时候，是就事论事、一点点地掰扯细节，追问事情的来龙去脉，探讨问题的解决方法。这种评论文章读起来可能没那么痛快淋漓，但我一直相信，魔鬼藏在细节里，对公共事务的追问应该从细节出发，从地方入手，避免情绪性的煽动和大而无当的说辞，平和、理性地就具体政策展开言说并达成妥协，是我所期待的一种公共讨论风格。

从细节出发，心平气和讲道理

　　这一章集纳了笔者对广州"限牌""限外"政策展开追问的 13 篇文章。在近 4 年的时间里，几乎每一次广州市政府透露出"限外"的意向，笔者都会及时撰文表达观点，反复提请政府注意"限外"决策的依据是否充分以及可能带来的后果，敏锐地抓住政府决策依据中那些站不住脚的成分。

　　譬如，广州在讨论要不要"限外"时，经常援引兄弟城市深圳作为参照，而笔者在分析并换算了深圳交警部门提供的数据后发现，"限牌＋限外"的深圳，早晚高峰车速每小时竟然只提升 0.1～1 公里而已，这样大动干戈地限外，换来几乎可以忽略不计的车速提升效果，是否值得呢？①

---

① 　参见《不开放交通数据，讨论限外无意义》，原载 2016 年 1 月 26 日《新快报》。

事实上，在论证广州是否需要"限外"、广州"限牌"政策发挥了怎样的作用时，公众特别希望这些决策或结论是有充分数据支撑的，尤其在"大数据时代"，公众有理由期待政府部门提供更全面、详尽及权威的数据来为决策背书。但如果不仔细甄别数据的来源和使用，统计数据又是会说谎的，这尤其需要评论者注意，并将这一风险揭示出来，以免政府部门选择性地提供一些语焉不详的数据误导舆论。

比如，广州市交委 2016 年初公布的数据显示，2015 年最堵月份是 9 月；但同样是交委，2015 年发布的 8—10 月数据却显示，道路运行速度略有提升，交通拥堵减轻了。仔细对比可发现，两次发布的数据针对的是不同的道路以及不同的监测时段，参照对象也不同。这相应就带来一个疑问，政府部门评估交通拥堵是否有一套稳定、科学、公正的标准？如果可以通过任意剪裁数据来获得极为不同的结论、服务于不同时期的决策目标，那么这些数据的意义何在？①

另外，需要指出的是，广州的"限外"政策，在过去几年里一次次风声乍起，又一次次归于平息，至今尚未推出，给公众的生活带来很多不确定性。每一次传出"限外"风声，广州的车牌拍卖价格都会相应地产生剧烈波动，使车牌竞价变成事实上的"政策市"，公众对政府决策不再抱有规范的程序性的期待，而是过一种不确定的生活，这无论从哪一种意义上来说，都不是市民和政府之福②。

撰写新闻评论，很多时候需要作者细致爬梳所能搜集到的材料，从中找出支撑观点的论据，跳出"为反对而反对"的对立情绪。

环环相扣，多角度追问事实真相

和那些"打一枪换一个地方"，紧跟新闻热点跑的新闻评论写作不同的是，本书中围绕地方性公共事务而展开的新闻评论，往往需要就一个话题展开多角度、长时间的追问。

在这一章中，围绕广州停车费涨价问题，笔者从听证会阶段质疑听证方案的一面倒，到停车费上涨之后质疑收费去向不明、停车乱象有增无减，及至住宅停车费纠纷背后的小区业委会成立之难……步步跟进，环环相扣，多

① 参见《数据又打架，评估广州交通拥堵究竟有无稳定标准？》，原载 2016 年 1 月 11 日《新快报》。

② 参见《何时限外？我猜，我猜，我猜猜猜》，原载 2014 年 5 月 5 日《新快报》。

角度追问事实真相，以厘清停车费上涨这一链条串起的一系列社会问题。

在停车费涨价听证会前夕，仅笔者个人就在 2014 年 3 月 12 日至 28 日这半个月的时间里连续发表 6 篇评论，连同广州城内其他评论作者的发声，迅速形成舆论声势。遗憾的是，现在回过头看，没有相应的制度性参与渠道保障，媒体上的很多言论也只能是说说而已。

这让我想起很多人常说的"民主的细节"问题，民主实践一定是需要相应的细节作保障的。比如，在美国，普通公众可以就某个特定议案或自己认为应该立法的领域与立法者进行交流，如果不清楚应该与哪位国会议员联系，可以登录相关网站输入邮政编码查询所在地的参议员和众议员电邮。① 相比之下，我们很多时候却无法方便地获得所在地人大代表的联系方式，遑论与他们进行有效的交流、督促他们履行职责了。

广州停车费涨价问题发展到后来，所揭示的问题越发触目惊心：一个是咪表车位收费问题。媒体调查发现，过去大量存在着非法停车位，它们为咪表公司带来的收益去向不明，即便是合法存在的停车位，上缴的停车费和支出明细也未向公众详细披露过；另一个是小区业委会成立比例低、法律地位不明的问题。广州约 80% 的小区是没有成立业委会的，且目前《物权法》对小区公共配套的规定比较模糊，业主的公共物权并不是非常明确，小区业委会甚至不具备法人资格，导致业委会与物管之间的纠纷很难通过法律途径解决……这一系列问题所涉及的社会问题的深度和广度，已不再仅仅是广州一地的问题了。

社会生活确实是"牵一发而动全身"的，这尤其警示主政者对推行的任何一项公共决策，都要尽可能考虑到方方面面的后果。而作为评论作者，保持持续的关注和追问，在看似琐碎实则重大的问题上不放弃，不仅仅在新闻发生的时候及时跟进评论，很多时候，也需要由评论引领新闻，持续引起公众对此问题的关注，甚至为进一步的新闻调查指引方向，这或许是本地评论尤为重要的一点功能。

勾连历史，在时空脉络里展开评论

作为长期关注本地公共事务的新闻评论作者，一个突出的优势在于对事件的来龙去脉有一定把握，并对当地生活感同身受。这使得笔者在撰写新闻

① 朱迪丝·博斯著，岳盈盈、翟继强译：《独立思考：日常生活中的批判性思维》，北京：商务印书馆，2016 年，第 352 页。

评论时，能够勾连相关历史，把事件放在具体的时空脉络里展开分析，使评论写作少一些凌空蹈虚，而更有针对性。

比如，笔者在分析为何广州将 25 年垃圾处理特许经营权交给广日集团是一笔赔本买卖时，特别提到了广日集团此前在李坑垃圾焚烧厂项目与金沙洲真空管道垃圾收集系统项目中的不良表现；① 在分析政府部门迟迟不肯表态、没有对广日集团涉嫌违规行为进行调查时，笔者又自然勾连出四年前的两则旧闻，剑指广日集团和部分政府工作人员存在利益关联的事实；② 而在分析广州番禺金山村菜农使用未分类的垃圾堆肥种菜一事时，笔者迅速联系起半年前媒体对此的曝光及政府部门的种种治理承诺，并与彼时厨余垃圾处理厂的缓建相对比，讽刺之意不言而喻……③

这些在评论写作中看似不经意勾连出的历史，有赖于笔者对广州本地公共事务的长期观察与介入，而在寻找这些事实性论据的时候，评论员不能完全依赖记者，有时也要自己动手查资料。

比如，在广东省政协常委孟浩"死磕"的"39 号文"公开之后，媒体又爆出广州市政府还有一个神秘的"6 号文"没公开，这个文件关涉到政府帮水投集团还债的问题。笔者在评论这一事件时，特地查询了广州市政府网站信息公开板块，发现政府文件的公开竟频频出现"跳帧"现象④——这是否与"阳光政府"的承诺相悖？如果政府部门有相当大的自由裁量权，可以自行规定哪些文件不予公开、哪些文件依申请公开，那么，普通公众在无法得知这些文件存在的前提下，谈何有效监督呢？

和很多职业化的评论写作者不同，身为高校教师，我没有精力每天浏览重要新闻，并从中挑选合适的选题进行评论写作。我对于广州本地公共事务的关注和评论，主要出于对自己生活的这座城市的关心，对一个好公民应积极参与公共生活的理念的践行，希望通过公民问政，能促使我们生活的城市、我们这个社会更好一些。

---

① 参见《25 年垃圾处理特许经营交给广日集团，是笔赔本买卖》，原载 2013 年 1 月 9 日《新快报》。
② 参见《垃圾处理特许经营问题重重，人大该出手了》，原载 2013 年 4 月 16 日《新快报》。
③ 参见《"垃圾菜"的死灰复燃与厨余垃圾处理厂的缓建》，原载 2013 年 8 月 2 日《新快报》。
④ 参见《39 号文，124 号文，6 号文，下一个呢？》，原载 2013 年 5 月 14 日《南方都市报》。

合乎逻辑地推理，培养批判性思维

在公共讨论中，很多时候事实问题、价值问题、情感问题交织在一起，容易出现混乱，导致论辩双方无法沟通。虽然评论写作不完全排斥情感的融入，但至少写作者自己应有这样的自觉，多诉诸逻辑推理而非情感说服，并且意识到情感说服的有限性。从本质上说，批判性思维就是提出恰当的问题和做出合理论证的能力。

以广州推出"河长制"为例，笔者认为，河涌整治本身就是市长或区长分管的众多工作中的一部分，非要额外再给他们一个"河长"的称号，无非噱头而已；至于公布他们的手机号码，使之成为投诉热线，更是有哗众取宠之嫌。如果凸显任何一项工作重要性的方法都要靠单设一个"名头"甚至"职位"的话，这本身就说明当下政府职能部门运作中存在很大问题。①

这其实就是逻辑推理的力量，官方想通过新设立职位来证明自己对工作的重视，但这恰恰在一定程度上反过来说明以往的职能部门工作没做好，在叠床架屋的新机构设置中形成对原有职能部门的架空。在现实的行政运作逻辑中，又何止"河长制"一项工作如此呢？又何止广州一地如此呢？太多为了凸显领导对某项工作高度重视而临时组建的这个小组、那个部门，到头来往往成为行政运转中的"肿瘤"，既扰乱原有的行政逻辑，又往往成为政府扩张、增加冗员的源头。遗憾的是，这一在逻辑推演上显而易见的问题，却未能在实际生活中得到足够的重视。

再比如，对于存在巨大争议的深隧项目的讨论，有关部门绕过了"建设的必要性"这一关键问题，而在"如何建设"这样技术性的问题上打转。我敏锐地抓住专家的反对意见，认为水务部门应该先检讨浅层排水系统的利用问题，出台有针对性的改造方案，之后再来讨论深隧是否需要建的问题，避免又走上城市设施重建设、轻管养的老路。② 我还记得这篇文章发表后，有位老工程师辗转通过编辑要到我的联系方式，激动地打电话给我，表扬我这篇文章说到点子上了，并邀请我去参加他对于深隧建设的民间论证会。

关于深隧建设，我特别欣赏时任广州市市长陈建华说的，市政工程在可行性研究之外，也要注重"不可行性研究"。遗憾的是，这一振聋发聩之声尚未成为共识，很多市政工程，总是为之背书的多，唱反调的少。

---

① 参见《河长问责制难产，治水承诺如何兑现?》，原载 2016 年 5 月 27 日《新快报》。

② 参见《讨论建深隧前，应先把"浅隧"改造利用好》，原载 2013 年 10 月 22 日《南方都市报》。

揭示被遮蔽的预设，提一个好问题

在新闻评论写作中，笔者深感辨析并揭示出一个问题的预设，是非常重要的，这能首先帮助我们确认一个问题是否属于误导性问题，以免公共讨论在一开始就陷入官方设定的议程里，遮蔽了更为基本和重要的问题。

以这一章中《是谁把"公交优先"问题偷换成"BRT 模式推广"问题？》一文为例，在广州第一条 BRT 开通近 4 年后，官方开始在媒体设置议程，讨论第二条 BRT 要建在哪里。对于这个问题，笔者指出其潜藏的预设是"应该建设第二条 BRT"，但是，为什么一定要建呢？笔者认为，这需要回到问题的最初，即建 BRT 的目的是什么。如果是发展公共交通、减少拥堵，那么 BRT 只是其中一个备选项而已，并非必选项。[①]

笔者不敢断言这篇评论一定产生了很大的影响，但至少，广州至今没有再建第二条 BRT，相关讨论也已偃旗息鼓。事实上，公共讨论中有太多潜藏了预设的话题，限制了公众参与的空间，第二条 BRT 选址如是，深隧建设如是，限外听证亦如是。在"限外"合法性没有得到充分讨论的情况下，听证会的内容已经被设置为"怎么限外"，而不是先讨论"要不要限外"，[②] 公众无法跳出"限外"这个框架去讨论城市治堵的其他可能。

因此，对于误导性问题，评论写作应该予以揭示，并针对问题的预设进行修正性回答，创造一个更有价值的公共讨论空间，特别要警惕城市建设中，那些本可以寻求更多元解决之道的问题被某些利益集团偷换议题，绑架成某个项目的推广问题。

对于很多评论写作来说，提供解决问题的方案和思路固然是一种写法，但更多时候，批评本身就是有意义的，评论者没有必要一定肩负给出解决方案的重任，提出一个好问题、指出矛盾的症结所在，同样非常关键。

比如，笔者注意到，有的政府部门肩负的多项职能之间存在"左右互搏"的矛盾现象：城管委一方面要推进垃圾分类，统计垃圾减量的成绩，另一方面却要以垃圾围城的困境推动垃圾焚烧厂的建设；交管部门一方面要以拥堵减轻程度证明推动公交出行有效，另一方面却要以拥堵加剧来推行限牌和限外措施[③]——一个管理部门肩负两项相互矛盾的任务，必然导致其在执行中有

---

① 参见《是谁把"公交优先"问题偷换成"BRT 模式推广"问题？》，原载 2014 年 1 月 13 日《新快报》。
② 参见《限外搞闭门听证，交通部门诚意何在？》，原载 2013 年 4 月 22 日《新快报》。
③ 参见《何时限外？我猜，我猜，我猜猜猜》，原载 2014 年 5 月 5 日《新快报》。

所偏重，不能两全，这种矛盾不解决，相关的工作就不可能真正推进，很多说辞也必然是左支右绌，这在上文分析限外数据的矛盾时已经体现出来了。因此，新闻评论在写作中致力于发现有价值的问题，并把它提出来引起公众的注意和讨论，这同样是非常重要的。

在本书即将付梓之际，我想特别感谢《新快报》评论部冯树盛、张凯阳，《南方都市报》评论编辑李建平、苏少建，《羊城晚报》评论部郭启钊、朱阅进、张齐、郑华如、傅铭途等诸位师友，感谢他们在我的评论写作生涯中给予的鼓励。感谢中山大学传播与设计学院 2013 级本科生熊忭在书稿整理过程中提供的帮助。本书部分篇章见报时有删节，书稿以原文为准。

陈敏

2017 年 7 月

▶ 目 录
CONTENTS

111 合乎逻辑地推理,培养批判性思维

▶ 从细节出发，
心平气和讲道理

▶ 决策依据充分，"限外"才能有的放矢

广州市交通工作领导小组办公室日前发布"限外"听证公告称，广州计划采取"区域＋路段"的限行模式，即工作日早晚高峰限制外地车在中心城区通行，工作日白天指定时段限制外地车在中心城区部分高架路段和部分主干道通行。"限外"听证会将在4月19日举行，"限外"措施具体实施时间则有待明确。

与去年突然出台的"限牌令"相比，这次的"限外令"能召开听证会听取公众意见，体现了一定的进步；但听证会的功能仅仅是听取各位代表对"限外"政策的意见，代表无权否决"限外令"的决策。也就是说，这是一次限定"前提"的有限讨论，那么，在这样有限的讨论之下，各位代表如何商定出科学合理的"限外"措施，就显得尤为重要。

不过，遗憾的是，目前"限外"措施的详情还没有公布，其中早晚高峰具体指哪些时段、中心城区范围边界线在哪里、白天指定时段指哪些时段，以及部分高架路段和部分主干道是哪里等具体问题都有待进一步明确。按规定，这些关键信息最迟在听证会前10天要送达听证代表。

其实，类似"限外"这样重要的公共决策，相关部门越早公布详细方案，就越能充分听取社会各界的意见，进而留给政策的相应调整时间也就越充裕，完全不必拖到法律规定的最后日期再公布。

而且，要公开的不仅仅是"限外"的详细方案，相关政府部门更应向社会公开制订方案的依据，即有关的调查数据、研究结论等，供公众和听证代表参考，否则，"限外"具体限哪里、什么时间限，就只能凭感觉来定，政策的效果也必将大打折扣。

但从目前媒体报道来看，相关部门的前期调查很可能不够充分。市交通工作领导小组办公室有关负责人表示，对广州通行的外地车辆暂时没有精准的统计，此前曾在中心城区选取了几个节点，于上下班高峰期时，统计来往各节点的外地车数量，得出的结论是，外地车只占交通总流量的约10%，但这并不意味着"限外"之后，早晚高峰期可为中心城区减轻10%的交通流量压力。

相关部门通报的这些调查过程和结论显然不够详尽，包括具体什么时间做的调查，选取了哪几个节点，选取理由等都没有向公众说明，以这样粗疏的调查数据来制订"限外"方案，能靠谱吗？以至于连政府部门自己也不能对"限外"措施实施后减轻交通流量压力的效果做出大致估计。

政府制定公共政策、公民参与公共决策无不需要有详尽的调查数据做支撑，有充分的依据，才可能有的放矢，制定政策、解决问题。但目前有关"限外"措施的讨论中完全看不到这一点，各方更多的是凭经验在做判断，相关的详尽数据无法获知，"限外"措施可能的影响效果也无从判断。

此外，广州市交通工作领导小组办公室表示，在实施"限外"的同时，广州也将同步实施加强停车换乘、公交接驳、宣传指引等一系列的配套措施，解决受限车辆的来穗出行问题，后续会将有关配套措施内容一并向社会公开，充分听取各方的意见。

为"限外"搞配套措施，这自然不错，但鉴于配套措施往往是一种补救而非预防措施，且常常落实不到位，这就使得"限外"措施在推行初期可能会对相关各方产生较大的影响。其实，配套措施更应该是"前提"，而非"后续"，即相关部门先做好公交接驳、停车场建设等相关配套措施，为可能受影响的公众提供充分的选择机会，有意识地培养他们的出行习惯，然后再在此基础之上推出"限行"措施，这样，可能会让"限行"措施更有针对性，相应带来的震荡和冲击也会小很多。

（原载 2013 年 3 月 21 日《新快报》）

▶ 缺乏详尽数据支撑， 限外合理性大打折扣

广州市交通工作领导小组日前对广州限外草案做出进一步解读，称国家法律赋予了广州限外的权力，限外的目的是为了堵住限牌的政策空子，防止限牌后广州市民采取"外地上牌，本地使用"等规避手段。

政府部门赤裸裸地将限牌令作为限外的决策依据，称"广州市政府 2012年 6 月 30 日发布的限牌令的第七条已明确规定未来会限外"，"限外为确保限牌效果"，这实在让人匪夷所思。要知道，限牌令于夜间突然出台，之前并没

有经过任何的民意征询和听证程序，限牌令实施近一年也没听说有任何的效果评估、措施改进，如今非但不先讨论限牌令出台的合法性，还要以此为依据继续限外，如何能说得通？

况且，限牌令一开始就被明确为是限期一年的试行措施，既是试行，那么，试了，行不行？政府部门是否应该有个交代？没有限牌效果评估，没有详尽数据支撑，就要为了确保限牌效果而进一步限外，这不是很荒唐吗？

市交通工作领导小组还援引了《中华人民共和国道路交通安全法》的有关规定：公安机关交通管理部门根据道路和交通流量的具体情况，可以对机动车、非机动车、行人采取疏导、限制通行、禁止通行等措施。但将这则规定"创造性地"运用到对外地车的长期限制中是否合法，恐怕还需更多的讨论。

关于广州交通治理中惯用的"禁止""限制"手法，市民不能不抱有更多的警惕。想广州曾于2006年颁布禁止电动车上路的"禁电令"，2007年颁布中心城区全面禁行摩托车的"禁摩令"，如今又准备颁布针对外地车的"限外令"，这种一以贯之的限制手法真的是治理城市交通的有效办法吗？广州本地私家车主们可能也要认真掂量一下：再下一步，陷入"限制"思维的政府会不会对本地车发布限行措施呢？

这并不是危言耸听，北京不就是在限购、限行、限外的路上越走越远吗？但尽管限制性措施层层加码，北京依然甩不掉"首堵"的帽子。广州是否也要步其后尘，在"限制"的路上越走越远，值得三思。

非常遗憾的是，如早前有评论指出的，限外听证会是一个限定前提的讨论，代表无权否决限外令，舆论只能呼吁相关部门尽早发布限外草案，充分听取各界意见，给草案调整预留充足的时间。但从草案拖到法规规定的最迟截止日期才公布、草案中竟将限外范围以内的停车场作为配套设施等细节来看，相关部门的傲慢、粗疏已是一览无遗。

话说以前的不少听证会虽沦为"听涨会"，但好歹还有涨多涨少两套方案供讨论，而这一次限外征求意见，就甩出一套方案供大家讨论。关于决策的数据来源、限外的效果评估，也没有提供足够的数据予以佐证。大家都是凭个人感觉来讨论，最该提供数据的交通部门却装聋作哑。

公共决策缺乏翔实数据支撑，这是非常可怕的。按理说，政府部门既掌握着广州全部交通数据，就应该根据数据来设计交通优化治理模型，提出多种方案、多种可能，如果力所不逮，也可以委托给其他专业机构来做，关键是要不设前提地讨论多种方案。但一直以来，无论是禁电、禁摩还是限牌、限外，这种详尽的数据分析，公众始终无缘得见。比如这次限外，限外时段定为7点到9点，还是7点到12点，抑或7点到19点，不同时间段的车流量相差多少？限外地段多限一条路或是少限一条路，车流量又将呈现怎样的变化，交通部门能否说得清？

悲观地看，通过限定听证会的前提，公众已经很难跳出限外这个框架去讨论城市治堵的其他可能。我们已经不能假设：如果把广州的全部公车封存、禁止其上路，治堵会不会更有立竿见影之效？如果为限外出台的这些配套设施已经有效运转一段时间并取得效果，是否就不需限外？如果……可惜的是，我们已经看不到另外的多种可能，我们甚至被剥夺了讨论这些可能的机会，城市交通治理就在不断设"限"的路上两眼一抹黑地狂奔到底，恶性循环。

（原载 2013 年 4 月 11 日《新快报》）

▶ 限外搞闭门听证，交通部门诚意何在？

备受关注的广州限外听证会于昨日上午举行，15 名听证代表中仅 1 名持反对意见，这意味着，广州限外措施铁定实施，问题只在于交通部门对于听证代表的意见采纳多少而已。

尽管限外听证是一场预设前提的听证会，但我们很欣慰地看到，依然有一名市民代表提出了反对意见，这其实代表了相当一部分市民对交通部门强行设置听证议题的不满，即在限外合法性没有得到充分讨论的情况下，为什么听证内容被设置为"怎么限"，而不是先讨论"要不要限"？

连日来，舆论对限外合法性提出诸多质疑，甚至有广州市民上书全国人大常委会，要求对广州限外所援引的法规条文进行解释，明确交通部门是否有限外的权力。在昨日的听证会上，也有法律专家质疑：听证主体是否合法？广州交通部门有没有限外的立法权？遗憾的是，交通部门的回应依然是之前那一套说辞，完全没有回答其本身是否有限外立法权这一核心问题。

当然，让人遗憾的不仅仅是有关部门对广州限外合法性讨论的回避，围绕限外听证会本身所发生的一系列离奇故事更是让人大跌眼镜：先是听证会在召开前一天晚上临时转场，改在白云山某度假村举行；然后是众多媒体到现场后发现会场所有网络信号皆被屏蔽，原定的直播计划无奈泡汤，且记者一旦进入会场，就被禁止出场；再就是一位自称"谢海宋"的女子致电广州电视台《新闻日日睇》节目反映，其作为听证会的市民代表，曾被相关部门以请吃饭、送水果等方式拉拢，希望其支持限外，但她还是坚决反对，以至在听证会当天被人骗上商务车在白云大道兜圈至 11 点，无法出席听证会，而听证会则宣布谢海宋因私人原因无法出席而更换了听证代表名单。

对于谢海宋未能出席听证会一事，广州市交通委员会的官方微博"@广州交通"昨晚回应称，因在听证会召开前查实谢海宋递交的书面报名表中填写的工作单位信息虚假，根据听证的相关规则，取消了谢海宋的听证资格。

"@广州交通"迅速回应舆论关切值得肯定，但它并没有回应谢海宋的两项严重指控，即：交通部门是否曾对听证代表进行利诱、拉拢？听证会当天，又是否安排商务车拉着她在马路上兜圈？这些到底是谢海宋臆想的，还是确有其事？对此，建议公安、纪检监察部门等第三方立即介入调查，给公众一个真相。而一旦查实确有此事的话，那就意味着相关部门和人员要为此承担法律责任，限外听证会的合法性也将从根本上被推翻。

无论如何，限外听证会临时转场、屏蔽信号、涉嫌"软禁"听证代表等一系列行为已经超乎公众的想象，难道广州交通部门为了确保听证会按其意愿顺利进行，竟会使出如此多的花招？听证会召开前，交通部门到底是在忙着搜集、整理市民对限外的意见，还是在忙着拉拢听证代表、应付舆论？

必须指出，听证会本来就是为了听取市民意见而召开的，理应秉持一种开放的态度，而交通部门不但如临大敌、设置重重障碍阻止媒体直播，其官方微博"@广州交通"自己也完全不务正业，一整天不是在发些无关痛痒的"温馨提示""微休闲"，就是发什么"好人好事"，对于众多市民关注的限外听证会详情，只在昨晚 18：39 发布了一条微博，内容是："广州市非本市籍载客汽车区域错峰限行交通管理措施听证会在今天上午举行。本次听证会设置了听证事项陈述、听证代表发表意见、质询、提问，听证陈述人答辩和听证代表最后陈述等环节。参加听证会的 15 名代表中，14 名代表对非本市籍载客汽车区域错峰限行交通管理措施表示赞同，1 名代表表示反对。"

这条微博可谓官方微博发布失败的典型案例：废话一箩筐，几无信息量。交通部门搞闭门听证、对限外政策重发布轻回应的傲慢态度在此一览无遗。而至于此次限外听证中所暴露出的交通部门意欲借此扩权的野心（为郊区发放"非指标专用号牌"）、限民不限官的思维（对公务车、商务车发放通行证）都让人担忧广州未来的限外措施只会给普通市民的出行带来更多的麻烦。

（原载 2013 年 4 月 22 日《新快报》）

▶ "限牌 + 限外" 的组合拳接下来该怎么打?

备受关注的广州"限外"政策有了新说法,广州市市长陈建华昨日在新闻发布会上明确表示:"没有到非常拥堵的时候不会轻易实施限外措施。"

市长对于出台"限外"措施的审慎表态,似乎可以让长期担忧"限外"措施影响的相关各方暂时松一口气了。

要知道,自今年4月广州完成"限外"听证后,不少人一直在担忧"限外"这把悬在头顶的剑什么时候会落下来,这种担忧一度助推广州的车牌拍卖价格攀上新高。而今年7月开始实施的《广州市中小客车总量调控管理办法》(以下简称《办法》),又一度让市民燃起"限外"政策可能松动的希望,因为《办法》中规定,"适时对长期在本市指定区域或路段使用的非本市籍中小客车采取区域错峰出行交通管理措施",其中"适时""长期""指定"等措辞都表现出了极大的克制,让人猜测"限外"政策可能有所松动。如今再加上市长的审慎表态,似乎更加证实了不少人的揣测:"限外"措施可能真的要胎死腹中了。

不得不说,对一项影响颇为广泛的公共政策是否出台要如此咬文嚼字地去猜、去揣摩,实非公众之福,因为公共政策只有决策依据清晰、出台日期可期,才可能更好地发挥政策导向作用,引导公众理性决策。

而具体就"限外"政策而言,其决策依据和实施日期都呈现出极大的不确定性。首先从决策依据来看,在今年4月广州"限外"措施听证前,已有舆论质疑"限外"方案制作粗疏,其调查过程和结论不够详尽,对"限外"实施后交通流量能减轻多少也没有准确预估,质疑这样的"限外"方案一旦实施,可能带来一些意想不到的影响。

其次从"限外"措施已完成听证但迟迟未出台的现实来看,公众多少有些无所适从。如今市长虽然表态"没有到非常拥堵的时候不会轻易实施限外措施",但同时也提到,"实行中小汽车行驶的管制措施,主要根据汽车总量和拥堵情况,随时可以由管理部门实施交通管制",这其中的"随时"二字又给"限外"措施何时出台蒙上了一层不确定性。其实,对于已经通过听证、拿到"准生证"的"限外"措施来说,何时出台、以怎样的面目出台,公众已经没有了左右的权力，但公众又迫切地想知道，经历上次听证会的讨论后，"限外"措施是否吸纳了听证代表的有益意见？又具体做出了哪些调整？可否公开细节供公众进一步讨论呢？

无论如何，当下摆在政府面前的一个最值得讨论的问题就是：如果"限外"政策暂不实施，"限牌"政策还要不要继续？

广州市交通工作领导小组在对广州"限外"草案解读时曾明确指出，"限外"的目的是为了堵住"限牌"的政策空子，防止"限牌"后广州市民采取"外地上牌，本地使用"等规避手段。也就是说，"限牌""限外"原本打的是组合拳，二者同时使用才可能产生效果，现在"限外"似乎暂时没有提上议程的意思，那就不排除不少广州人会再次转而购买外地车，如此，"限牌"的意义就大打折扣。

那么，未来"限牌+限外"的组合拳该怎么继续打下去？"限牌"政策要不要取消或做出调整？还望政府方面尽快给出明确的答复。

（原载 2013 年 10 月 30 日《新快报》）

▶ 何时限外？ 我猜， 我猜， 我猜猜猜

五一假期前，本埠有媒体根据市交委发布的《广州市关于落实公交优先加快建设公交都市的意见》，得出"2015 年至 2017 年间广州将实施限外令"的结论。随后，广州市交通工作领导小组办公室（以下简称"交领办"）负责人发布公告，指这一结论不实，表示"错峰出行措施无明确具体时间表"。

至此，限外政策会否出台、何时出台又回到了"我猜，我猜，我猜猜猜"的游戏中。看看报道中交领办负责人的诸多复杂措辞，什么"非本市籍中小客车错峰出行措施"不是"限外"，什么"将根据道路交通运行及拥堵情况，研究并适时发布实施"，绕来绕去地让人头晕，说白了其实就是何时限外尚没谱，一切皆有可能。

不过，交领办方面却认为，对于限外政策，"广州已在前期多次明确表态"了，而这个"明确"，就是"无具体时间表"。好吧，话说到这个份儿上，争议的焦点恐怕就成了语文老师之间的 PK 了——究竟"无具体时间表"

能否算作政府部门的明确表态?

无论如何,鉴于 2012 年 6 月广州已推出限牌令,2013 年 4 月又完成了限外听证,限外政策到底要不要出台、究竟何时出台,已经不能再回避下去了。更何况,之前交领办已明确表示,限外是"为了堵住限牌的政策空子,防止市民外地上牌、本地使用",那么,政府部门在近两年的时间里眼看着限牌政策空子被钻,限牌意义被消解,岂能无动于衷?

追根溯源,广州限外政策的难产还是要追究到当初限牌令半夜鸡叫式出台的不妥,未经公开讨论和听证的限牌令如今正显现出越来越多的弊端。其一就是对政府公信力的严重损伤,包括现在公众不断地猜测限外令何时会出台就是公信力受损的表征,这表明公众对政府决策不再抱有规范的程序性的期许,而是随着政府飘忽不定的决策来过一种不确定的生活。

限牌令对政府公信力损伤的影响甚至不限于广州一地,包括其后有样学样的杭州,还有最近的南京,哪怕南京交管局微博辟谣说"未接到任何有关限牌的通知",市民却宁可信其有、不可信其无,蜂拥赶去排队上牌。当市民已不敢相信政府部门的辟谣,这恐怕才是最危险的。比如这次广州市交领办出来澄清限外"无具体时间表",就能给市民吃定心丸吗?

其二,限牌令 + 迟迟不落地的限外令,让广州过去一年内车牌拍卖价格形成了事实上的"政策市":去年 4 月市交委公布限外草案后,一向冷清的车牌拍卖开始陡然升温,从去年 5 月开始的 5 个月时间内价格翻了近 3 倍,最高价拍到 3 万元;但到了去年 10 月底,市长陈建华一句"广州不到非常拥堵不会实施限外",又让车牌价格从 3 万元暴跌回 1 万元。车牌拍卖形成这种"政策市",想来不是政府部门所乐见的。

其三,限牌、限外与倡导公交出行之间越来越呈现出"左右互搏"的矛盾。和城管委一方面要统计垃圾减量的成绩,一方面又要以垃圾围城困境推动垃圾焚烧相类似,交领办一方面要证明自己推动公交出行有成效,一方面又要以交通拥堵程度严重来推行限牌和限外措施,结果就出现了眼下的尴尬局面:市长陈建华预计到 2015 年,广州公交出行率可达 70%,他同时表示,一个城市公交出行率达到 70% 甚至 75% 以上,就可以不限牌不限行。那么,限外到底是公交出行率达到 70% 的前提,还是达到 70% 后自动消失的治堵选项,这二者间的逻辑关系,还需交领办再厘清一下。

其实,限牌也好,限外也罢,都不过是广州治堵以及落实公交优先的两个备选项而已,遗憾的是,这两个备选项却在政府部门一次次的议题设置中变成了必选项,我们现在甚至已不能退回去讨论"限牌令还要不要继续实行",反而落在"限外令何时推出"的窠臼里替政府操心。归根结底,这都是政策不按程序出台、不断叠加造成的结果，使得广州在"限牌 + 限外"的这条路上越走越远，难以回头。

（原载 2014 年 5 月 5 日《新快报》）

▶ 广州限牌作用巨大？ 警惕统计数字说谎！

据广州市市长陈建华透露，2012 年 7 月（注：广州限牌政策实施第一个月）广州比深圳多出 40 万辆车，限牌两年半后，目前深圳比广州多出 60 万辆车，"因此限牌政策发挥了巨大的节能减排的作用，减少了 40 万到 100 万辆车上牌"。

限牌政策作为广州治理汽车尾气的对策之一，其出台方式的冒失和实施效果的有限一直饱受舆论诟病；如今市长出面肯定其巨大作用，欲为其"正名"，恐怕需要更有说服力的论证才行。

首先要指出的是，所谓"减少了 40 万到 100 万辆车上牌"，只是减少了广州车辆上牌数而已，且"40 万到 100 万"是如何估算出来的、是否准确、跨度区间为何如此之大，都需要更多说明。再者，就算广州少上牌了几十万车辆，那么又有多少车辆在周边城市上牌，即"外地上牌，本地使用"呢？这个数字，广州官员是否掌握？如果大量广州车主不过是挂了个外地车牌在广州行驶的话，那么所谓"限牌政策发挥了巨大的节能减排的作用"从何谈起？

要知道，统计数据是会说谎的，同样的数据，关键看如何解读。减少广州车牌数量对主政者来说，或许是个政绩；但对生活在广州的市民来说，车辆增长对于空气的影响，并不因为它们挂了不同城市的车牌而有何不同。广州主政者不能一厢情愿地认为挂广州车牌的数量少了，限牌政策就起到巨大作用了，节能减排就取得巨大进展了，这个因果逻辑链条事实上是不存在的，仅以广州车牌量的多少为依据做公共决策更是危险和不明智的。之前舆论早已提出，限牌只有辅以限外，打组合拳，才可能达到减少本市机动车数量的效果。

但请不要误解本文是在催促广州"限外"政策的出台，毕竟城市管理动辄祭出"限"字诀，总让人觉得主政者过于懒惰，不动脑子。笔者只是想指出广州在推行限牌政策后将自己置于的尴尬境地，提醒主政者谨慎解读限牌数据，仔细审视限牌政策的合理性及意义。

陈建华市长日前已重申，广州已对部分区域部分路段的外地货车进行限行，"但是我们不到非常拥堵不会再限"。市长的话能否作为有价值的否定限外信号，又应该在何种层面被解读，恐怕了解兄弟城市深圳限牌、限外过程的市民，都不敢过于笃信这句话的承诺。更何况，谁知道市长心里的"非常拥堵"和自己感知的"非常拥堵"是不是一回事呢？

不过值得注意的是，近期深圳采取限牌限外措施后，广州1月份的车牌竞拍个人最低价和平均成交价都上涨了逾千元。此时广州市长重申"不到非常拥堵不会再限"，会不会像2013年10月那样，让车牌拍卖价急剧回落，且拭目以待。可以肯定的是，广州限牌政策一日不取消、限外的靴子一日不落地，市民心里就一日不得安稳，总是要担心政策突然生变，进而给自己的生活带来不必要的烦扰，这样提心吊胆地琢磨政策信号过日子，实非市民之福。

说到底，广州已推行两年半的限牌政策究竟对于解决城市拥堵、减少空气污染起了多大的作用，至今没有翔实的报告出来，这和官方当初推行限牌政策时志在必得的形象形成了鲜明对比。遗憾的是，限牌的效果很难估算出来，因为限牌和计划中的限外增加的行政成本却是有目共睹：受理车牌申请、举办车牌竞拍等，都需要投入人力物力；若是以后再像深圳那样限外，靠民警现场查处和电子监控抓拍执法，不知又要增加多少人力物力。只是，这些投入相比看不见、说不准的限牌效果来说，果真是值得的吗？

（原载 2015 年 2 月 3 日《新快报》）

▶ 只因已经 "限牌"，所以必须 "限外"？

对于近期掀起的又一轮有关广州何时启动"限外"措施的讨论，广州市常务副市长陈如桂称，"限外"方案尚未报省政府。这意味着，"限外"还没有"走程序"。

"限外"一次次风声乍起，又一次次暂时平息，可谓吊足了公众胃口。在诸多不确定性之外，唯一可以确定的，是广州车牌竞拍价格将迎来新一轮的大幅波动，因为，这一"规律"在之前几次"限外"传闻甚嚣尘上时，都得到了印证：官方公布限外草案，车牌竞拍价升温；官方称"广州不到非常拥堵不会实施限外"，车牌竞拍价暴跌；而这一次，官方先表态"方案一旦获批即可随时启动"，四天后又称"方案尚未报省政府"，着实让人无所适从。

猜测"限外"这只靴子何时落地看来并无"规律"可循，那么公众想知道的是，这一次，究竟是什么原因刺激了"限外"动议呢？有报道称，这主要与近两个月的广州交通拥堵程度愈发严重有关，而加剧拥堵的"罪魁祸首"，则指向了"非'粤A'牌车辆"，称"相当一部分是本地人购车上了外地牌后用来进行专车运营的"。

这样的归因在笔者看来未免简单粗暴：市交委的监测数据确实显示，广州中心城区15条主干道外地车的车流量占比从2012年6月的5.9%上升至如今的13.3%，呈现激增势头。但出现这样的结果，部分原因难道不是源自广州的限牌政策吗？广州2012年7月开始限牌，但不限外，导致大量本地车主选择外地上牌，据一些品牌车商透露，这个比例占到三四成。在这种情况下，将拥堵归咎于外地车主，实在不能让人信服；至于进一步称其中相当一部分是用作"专车运营"，更是缺乏相应的数据证明。

事实上，如果以此来审视这三年来"只限牌、不限外"的政策，甚至会让人产生"请君入瓮"的愤怒感——当初在"限外"条件不成熟的情况下，抢先推出"限牌"政策，造成"外地上牌、本地使用"的现象大量出现，如今再以此为由"限外"，这样的行政逻辑如何说得通？

根据交警的卡口数据，目前在广州中心城区每月行驶5天以上的外地牌照车辆有28万辆，每月行驶8天以上的有17万辆。那么，如果将每月行驶天数提高至20天呢，相应的外地牌照车辆有多少？交警部门能否公开？这个数据或许更能证明那些外地牌照车辆中，有多少是广州本地车主吧。

说实在的，在过去"只限牌、不限外"政策实行的这三年里，究竟有多少广州车主在外地上了车牌，这个数字市交委理应查明并公布，并以此作为"限外"的决策参考。特别是如今广州准备把"长期在广州市行驶的外地车辆"作为主要的"限外"对象的时候，更应该有充分的考虑。否则，那些"外地上牌、本地使用"者的出行需求依然还在，总还会通过竞拍本地车牌等其他形式解决，并不会因为"限外"而消失。这样的话，"限外"能否治堵，就又成了问题。

为交通拥堵找"替罪羊"，外地牌车辆是"罪魁祸首"，毕竟，指责显而易见的"敌人"是容易的，因此，有媒体调查称"六成多受访者支持限外"

也并不让人感到奇怪（当然，调查抽样的科学性有待进一步查明）。但笔者想提醒的是，如果"限外"这张牌也打了出去，拥堵情况并没有改善，或者只是短期改善后又反弹，官方准备如何解释？交通拥堵治理不能总在限制车辆数量上打算盘，而应从城市功能布局、道路管养、公共交通服务水平等方面多管齐下找原因，否则执拗于"已经限牌、必须限外"的思维窠臼里，就真的骑虎难下了。

（原载 2015 年 7 月 1 日《新快报》）

▶ 跳出"限字诀"，治堵应有更宽广视野

就在广州个人车牌竞拍创出均价 3.7 万元最高纪录的次日，市长陈建华表态称，"广州不到非常拥堵不会实行限外，目前情况来看还没有到非常拥堵的时候"。

市长的表态不知道会对刚刚以高价竞拍到车牌的车主心理造成怎样的影响，后悔，愤怒，还是无所谓？要知道，上一次官方做出类似表态，车牌竞拍价格是应声而落，从 3 万暴跌回 1 万；这一次想必会有不少车主忖度：如果市长早一天表态，车牌竞拍价会不会涨得不这么猛呢？

在过去三年没有配套限外政策支持的情况下，广州的车牌竞拍价格在"瘸腿"的限牌政策框架下起伏不定，经常受到官方就限外发出的各种"信号"的影响，这对市民正常的消费预期和政策的后续纠偏都带来了一些不良后果，比如，部分市民因担心限外随时启动，提前了购车计划，助推了车牌竞拍价格的上涨；而高价竞拍到车牌的车主则不能接受限牌政策的取消，甚至希望抓紧限外以使车牌升值……

因此，当下最尴尬的事情就在于，官方既不能撤销限牌政策，又不敢轻易推出限外政策，陷入两难。这种尴尬可从广州公交出行率的统计中一窥端倪：之前官方曾预计，到 2015 年广州公交出行率可达 70%，当然，这个目标没有实现，最新的说法是"到 2017 年有望达到 72%"，而达到 70% 以上，就可以不限牌不限行。那么，以目前广州公交出行率达到 61%，并大力发展公共交通的态势来推算，公交出行率达标和限外，哪个会先来？

广州公交发展与限牌限外形成"左右互搏"状态，如何收场且待后续观察。此间唯一可欣慰的，或许是市长陈建华此次表态中提出广州在交通建设方面的四字方针"建、增、管、限"，这让市民看到，官方终于跳出"限字诀"，而在更广阔的背景下考虑城市交通问题。

市长提出，第一位是"建设"，要建地铁、买大巴、发展出租车事业、建设水上巴士、发展公共慢行系统、公共自行车系统和轻轨等；最后才是"限"。但其中尚待厘清的关键一点是：广州公交建设的主体是谁？以"买大巴、发展出租车事业"为例，目前已有滴滴、Uber等市场化公司介入专车运营、定制巴士行业中来，那么公交系统中的运营主体，显然就不必非要由国有企业垄断，而应欢迎民营公司的竞争，政府只需做好行业监管即可。

但从近期广州几家公交公司推出"如约巴士"，以及市交委筹划很久仍未出笼的"如约出租车"来看，官方的思路似乎依旧是卷起袖子自己干，尤其是媒体曝出"如约集约用车统一运营管理平台"的中标价为97.8万元的消息，不禁让市场担心官方背景的"如约"会不会更有竞争优势。显然，从"限制"到"放开"，广州公交市场的进一步开放还有很长一段路要走。

至于四字方针中的"增"，具体指的是增加停车位、增加地铁车厢供给等，涉及公共交通的资金投入，那么投入从哪里来？这就不能不提车牌竞拍收入的去向问题。这一问题此前媒体几次关注，却一直未能推动相关部门晒出详细账本，只是非常粗疏地以"亿元"为单位公开了数十亿资金的几个去向，如公交行业综合补贴、水巴发展等。

以车牌拍卖收入补贴公交行业，看似合情合理，但长此以往，难免让公交补贴过于倚重车牌竞拍，甚至绑架限牌政策无法取消、让相关部门更有动力去推动限外以增加限牌收入。这些担忧，都在提醒主政者，广州公交行业的开放和规范有待进一步深化改革。

（原载 2015 年 7 月 29 日《新快报》）

▶ "精准限外" 的效果如何， 可以精准估计下吗？

　　广州限外的口袋正在不断收紧，这一次，广州锁定的导致拥堵的新"罪魁祸首"是外地专车。据报道，市交委、市交警日前联合约谈广州各专车平台，如滴滴、神州、优步、易到等，要求平台对于私家车非法运营，尤其是外地专车非法运营，抓紧清理。对此，多个平台暂无明确表态。

　　从限牌，到停车费涨价，再到呼之欲出的限外，广州市治理拥堵的手段一直是这种限制或"榨取"民众的思路，这一方面与政府将治理拥堵的权力集中于交委一家有关，导致其思考拥堵的解决方案只能在部门权力范围内打转，以割裂的思维看待问题，完全忽略了交通拥堵本是涉及城市规划、道路施工等多方面的复杂现象；另一方面，这种限制思路从根本上反映了政府部门习惯于问责民众而非被问责，知名评论人宋志标前几天撰文感慨"问责型国民"的诞生，指出政府一遇到问题就想着推卸责任，反从民众身上找原因，这种话语转换可谓既可怕又可悲。

　　那么，到底该怎样理解和研判交通拥堵问题？为什么在"大数据"炒得这么火的今天，我们的公共决策还总是给人"拍脑袋"的感觉？为什么连最简单的外地专车数量问题，官方也不掌握、不公布？这如何让人相信"精准限外"决策的科学性？

　　据媒体粗略估算，目前广州约有15万辆专车，活跃运营的专车约7万辆，这其中有多少是外地专车，不得而知；那么相比全市250余万的汽车保有量，这些外地专车真的是导致交通拥堵的主要原因吗？

　　近期为"限制外地专车"政策摇旗呐喊的是一家名为"广州市社情民意中心"的机构，其发布报告称，"对近一年广州交通状况，60%的受访市民表示'更堵了'，这60%的人中，有41%的人认为是专车变多造成的"，这样算下来，应该只有24%的受访者认为专车导致交通拥堵而已，更无法得出"外地专车导致拥堵"的结论，那么，据此提出"精准限外"，理由充分吗？

　　这种所谓的"精准限外"，在限制目标上倒是实现了精准化，就是外地专车，那么效果上呢，也可以精准吗？广州市交委及广州市社情民意中心能不能精准地预计一下限制外地专车后，广州的拥堵程度会降低到什么水平？这种缓解拥堵的效果是长期有效还是暂时的而已？

总是这样莫名其妙的，外地专车营运活动不知怎的就成了"市民反映强烈的问题"，市交委要挟民意以加强整顿了，可是，在停车费涨价等事情上，为何又不见官方对市民呼声这么敏感？

归根结底，在讨论交通拥堵状况及解决措施方面，还需要官方拿出更全面、更详尽、更让人信服的数据及数据分析，不要总是选择性地提供一些语焉不详的数据和解释误导舆论。比如，为什么要特别强调9月中心城区路网日平均车速同比下降3.54%，强调进入第二季度后全市公共交通客运量约降低了4%？这些数据背后可能的解释原因都有哪些？都能和外地专车扯上关系吗？对于多因一果的社会问题，只从车辆数量上想办法，能有用吗？

希望市交委能拿出诚意，提供更多的交通数据和更充分的专家论证，让讨论"精准"化，才有可能真正为交通问题把好脉，做出科学决策。

（原载 2015 年 12 月 18 日《新快报》）

▶ 推出 "治堵 30 条" 前， 何妨检讨问责先？

广州市委副书记、市政府常务副市长陈如桂日前在新闻发布会上称，政府实施交通管制政策会非常慎重的，不到万不得已，不会启动简单的"一刀切"限行政策。市交委主任陈小钢也表示，广州所有治理交通拥堵的措施不会突然宣布，会根据广州的实际情况，区别不同类型，精确地运用法律、技术手段实现管理目标。

政府官员反复重申"不到万不得已""不会'一刀切'""不会突然宣布"，似乎足以显示政府在采取可能的限行、限外措施时的慎重，也足以显示广州交通拥堵问题令主政者感到的焦灼，但是，与态度宣示相比，公众无疑更期待解决拥堵的措施能够精确、有效。

事实上，精确或者说精准采取措施治理拥堵问题，如今越来越被官方主动提及（包括之前提出的所谓"精准限外"），只是，这精准的手段到底是什么，支撑的依据有哪些，治堵的效果是否也能够精准并持续，官方尚无充分论证。

据称，目前广州市交委已向市委、市政府提出了治堵的 30 条工作方案，待研究讨论之后会向社会公布，跟社会各界进行充分沟通。"治堵 30 条"能在何种程度上精确管理广州的交通拥堵问题，公众似乎除了拭目以待，暂时也没有其他的参与渠道，这多少让人感到无奈；尤其是，如果其中涉及限行、限外等限制民众权益的措施，在"跟社会各界进行充分沟通"时，交委将采用何种方式来确保沟通是充分的、反映民意的？

显然，官方已经注意到限行、限外可能引发的民意反弹，有官员甚至建议媒体不要使用"限外"这两个字，称广州会按照市委、市政府确定的"建、增、管、限"四字方针，缓解交通拥堵问题，"'限'是排在最后一位的措施，不是目的和唯一手段"。

"限外""限行"是否成为问题，并不会因为媒体使用或不使用这个字眼而有所改变，更何况，"限"本身也在四字方针之内，无论如何也回避不了。如果诚如官员所说，"限"是排在最后一位的，那么，我们就有理由要求官方在"建、增、管"方面充分采取措施后再来谈"限"的措施。比如，在新建地铁站配套停车场建设、新增主城区停车位等方面，官方这几年的工作可有明显进展？这些措施在缓解交通拥堵方面具体发挥了什么作用？如果"限"是最后一位的，早早推出的"限牌"政策又该作何解释？城市交通越治越堵，官方可有做过任何的政策检讨与问责？

正是因为之前以"治堵"为名采取的限牌、停车费涨价等措施都没有起到什么可持续的治理效果，所以对于交委拟推出的"治堵 30 条"，恐怕也很少有人有足够的信心，会真的认为这些叠床架屋的措施能够在治理拥堵方面起到什么作用。

说起来，广州治堵的话题讨论这几年，很多基本的数据官方都不掌握、不公开，让整个讨论处于盲人摸象的水平，也是难辞其咎。比如，广州限牌三年半来，选择外地上牌、本地使用的广州车主有多少？在广州市区活跃运营的外地专车数量有多少？对广州交通拥堵黑点、拥堵时段、拥堵程度的分析，除了车辆数量之外，还找到了哪些原因？相应的城市规划、道路施工，甚至交通灯设置等原因有没有纳入考量、做具体的模型分析？

必须指出，如果"治堵 30 条"不能跳出仅就车辆数量来讨论治堵问题的窠臼、不能更全面地分析拥堵原因并给出方案的话，治堵效果实难让人乐观。

（原载 2015 年 12 月 24 日《新快报》）

数据又打架，评估广州交通拥堵究竟有无稳定标准？

广州市交委日前公布《2015 年广州市中心城区城市道路交通运行情况》，数据显示，去年全市中心城区道路拥堵状况在 4 月份之后突飞猛进，"中度拥堵"天数达到了 123 天（2014 年仅为 3 天），晚高峰"严重拥堵"的天数为 83 天（2014 年仅为 9 天）。去年最拥堵月为 9 月份，日均拥堵指数为 6.8（中度拥堵）。

交通拥堵日益加剧，相信很多市民对此都有直观感受，如今以数据形式呈现出来，也不过是印证了这一感受而已，问题的关键还是在于：这些数据的获取方式是否科学？该怎样解读数据？如果依据这些数据来制定广州公共交通相关政策的话，是否合理？

就拿"去年最拥堵月为 9 月份"这一数据来说，犹记得去年广州市交委发布过 8—10 月份中心城区交通运行情况数据，彼时的结论是"工作日日均拥堵指数为 4.11（轻度拥堵）"，"城区道路运行速度略有提升，交通拥堵减轻了"。那么，为什么一转眼到了 2016 年，去年 9 月又成了最拥堵月份？

对比相关媒体报道发现，去年 8—10 月广州交通拥堵数据的监测对象是"中心城区 25 条主次干道及 20 条重点咪表停车路段等"，监测时段为"工作日晚高峰时段"；而此次的报告，选取的是"中心城区 15 条主干道""高峰时段（17：30 – 18：30）"，除了这些限定条件的不同，还包括参照对象不同等因素，这些因素共同导致了最终对拥堵程度截然不同的判断。

有报道也称，百度地图提供的全国最堵路段前 4 条，广州占了 3 条，分别是中山六路、同福中路、港口大道北，但这三条路均未被包括在广州市官方报告总结的 8 条最堵路段中。对此，有交通专业人士表示，交通拥堵排行榜的数据来源不同，选择用于衡量交通拥堵程度的技术指标不同，出现差异也正常。

那么问题就来了：广州评估交通拥堵程度是否有一套稳定的、科学公正的标准？到底选哪几条主干道、哪些时段作为监测对象？选择的依据是什么？如果数据可以通过任意剪裁、限定条件而得出极为不同的结论，那么选择性发布数据的意义何在？依据中心城区部分道路的拥堵程度来制定全市的交通政策又是否合理？

此外值得注意的是，虽然目前市交委的这份报告以描述交通拥堵状况为主，没有专门分析原因，但仍提到去年交通拥堵指数伴随在广州行驶的外地车数量增加而上升，两者在时间上具有同步性，高度正相关。报告指出，去年5月起广州中心城区主干道的外地车比例突然蹿升，晚高峰外地车比例大多超过16%，平峰时段更高。

将外地车数量与交通拥堵的关系专门点拨出来，无法不令人联想到近期的"限外"风声，以及交通部门二度约谈专车平台一事，给人感觉官方对外地车，特别是外地专车的限制政策，愈发呼之欲出。

但除了有必要追问上面提到的数据来源问题之外，还需反思这种简单的归因逻辑：为什么官方在研判拥堵现象的原因时，只注意到外地车辆与拥堵的所谓高度正相关关系，而不去评估一下之前以缓解拥堵为名实施的各项措施的效果？比如限牌，比如停车费上涨。难道这些政策对拥堵的治理效果全都一下子因外地车的增加而抵消了？为什么当初论证推行这些措施时可以那样简单，在评估其效果的时候就健忘了？

如果任何新出现的现象都可以被视为导致拥堵的最主要因素，如果对于拥堵的治理永远都停留在发现新的"罪魁祸首"而非检讨以往治堵措施的效用，那么在对外地车下手后，人们不免会猜测：下一个"敌人"是谁？

归根结底，现在讨论广州交通拥堵问题，最致命的一点就是没有一套稳定的、科学公正的评价体系，以至于官方剪裁发布的数据往往服务于短暂的政策效果，却在长期的对比审视中无法自圆其说。进而，依据这样的数据制定交通政策的话，无疑是极度危险的。

（原载 2016 年 1 月 11 日《新快报》）

▶ 广州并未限外，为何催专车平台限外？

据报道，广州市交委、市交警日前联合约谈了滴滴、神州、优步、易到、AA、星星6家专车公司，要求清理旗下专车非法运营，这是自去年12月16

日以来政府部门第三次约谈专车公司。目前，6家公司已按照市交委清退外地车的要求，全都表态"限外"。

广州限外政策并未出台，且前不久市领导刚承诺"不到万不得已，不会启动简单的'一刀切'限行政策"，却又为何三番五次约谈专车公司，要求其限外？如此行政作为，是否合理合法？

事实上，目前政府部门约谈专车平台的依据主要是"不得接纳不具备合法营运资格的车辆及驾驶员从事营业性道路运输"这一点，那么对于违反上述规定的非法营运车辆，不论本地车还是外地车，理应一视同仁处理，但现在市交委突出强调清退其中的外地车，就有选择性执法之嫌。

而专车公司的回应，"严格按照广州市交委对于专车平台外地车清退的有关要求，低调、扎实地全力推进清退工作"，也从侧面证明了市交委确实提出了清退外地专车的要求——在法律授权之外，政府部门对企业提出额外要求，难道不是有悖于"法无授权不可为"的精神吗？况且，既已提出要求，专车公司为何又是"低调推进"？是否政府部门自己也意识到这一要求并不妥当？

必须指出，交委对专车公司正常运营的不当干预，不但影响企业正常发展，对那些有合法营运资格的外地专车司机来说，也是不公平的，如果后者走法律渠道起诉的话，广州的相关政府部门恐怕要承担一定的责任。

另外，据广州市交委通报，自去年12月开展清理专车非法运营以来，各专车公司上报情况显示，目前已清理非法运营专车超过10万辆，"仅最近一周就清理专车1万多辆"。看上去，打击专车非法运营可谓成效显著，但数字背后有没有水分呢？要知道，早前媒体曾粗略估算过，广州约有15万辆专车，活跃运营的专车约7万辆，但这其中有多少是外地专车，不得而知。

将这两组数据放在一起比较，其中的漏洞就显而易见了：15万辆专车中竟有10万辆属于非法营运？恐怕专车公司自己都不会承认吧！退一步讲，就算数据属实，当所谓的非法营运车辆已经达到10万之多的时候，究竟是要一概清退还是要尽快予以规范，不值得政府部门深思吗？再者，广州市交委今年1月至今共查处专车非法营运33宗，以此对比专车公司自查清退的所谓10万辆非法营运专车，足可见由政府部门来查处专车非法营运的话，几乎是不可能完成的任务，这大概也是其如此依赖约谈方式的原因之一吧。

必须指出，在有关专车、外地专车、交通拥堵等一连串问题的讨论中，媒体和公众都深感真实数据获取之难：一方面，公众担心专车公司为了迎合政府部门的需要而夸大违规专车数量、显示清理成果；另一方面，公众也担心，一旦这些数据被政府部门不加甄别地照单全收，以此印证专车对交通拥堵的影响，又会不会进一步影响公共决策？

而与清理外地专车相关的另一则不能忽视的新闻是：市交委如约调度中心表示，今年元旦前后，参与营运的如约的士或增至千辆左右，目前车辆已基本到位，但司机招聘未满——这不免让人猜测：市交委对外地专车的清理，是在为自己的如约的士打开市场吗？

（原载 2016 年 1 月 20 日《新快报》）

▶ 不开放交通数据， 讨论限外无意义

关于广州会不会"限外"这一问题，本地有媒体随机采访了省"两会"部分代表和委员，其中支持、反对、中立者皆有之。

这一结果并不出人意料，但"限外"议题若只能以这样的方式呈现在参政议政的"两会"场合，多少令人遗憾。毕竟，相比于市民街头巷尾的议论和媒体上零散喧嚣的讨论，人们很自然地期待代表委员能够对市民普遍关心的交通拥堵问题，拿出翔实的数据、扎实的调查报告，进行更专业的参政议政，而不是依赖个人感受来判断应不应该限外。

在讨论广州限外之前，我们不妨以"限牌 + 限外"的深圳为例，看看限外的效果。据深圳交警部门数据，在原特区范围内实施"限外"后，深圳 2015 年 7 月主干道早高峰平均车速为 45.04 公里/小时、晚高峰平均车速为 35.16 公里/小时，较 2014 年 7 月分别上升 2.01%、0.33%。

换算一下不难发现，限外之后，早晚高峰车速每小时竟然只提升 0.1 ~ 1 公里。这样大动干戈地限外，换来几乎可以忽略不计的车速提升效果，真的值得吗？进一步地，广州讨论限外难道不应该以深圳为鉴，更充分论证吗？否则，岂不滑天下之大稽？

事实上，交通治理措施出台前缺乏测算、论证，出台后缺乏评估、问责，不独这一例，之前的限牌、停车费涨价等措施，都是如此，先以缓解拥堵为名推出决策，后勉强找数据证明决策有效，而过不了多久，当这些"头痛医头、脚痛医脚"的措施再也无法粉饰日趋严峻的交通拥堵局面时，又开始想新的限制措施。总之一句话：口念"限"字诀，成本民众摊。

如今，当我们一步步跟随官方设置的议题走到要不要"限外"这个关口

的时候，我们难道不应该停下来反思一下：民众的权益到底要被限制到什么程度才能解决交通拥堵问题？如果限外通过了，下一步呢，尾号限行吗？再下一步呢，单双号限行吗？这样下去，究竟伊于胡底？

支持限外者称，"单纯依靠限牌来减少路面车辆数量效果并不明显，而限牌不限外则更加冲淡了限牌的意义"，可我们为什么不去追问：如果限牌一开始就错了呢？会不会因为限牌的一时有效，迷惑了决策者，而延缓了其他更根本的、更具建设性的治堵措施的出台？甚至，因为限牌，官方依赖上这种不需付出任何代价，只需把控名额供给这样的手段，一味地限制民众的权利，却不积极地去做新建停车场、搬迁批发市场、加大公共交通投入、调整城市规划等基础性的、更为繁难的工作。以至于目前的讨论只能局限在官方给定的框框内，支持和反对限外的人"开撕"，不去追问官方的责任。

目前尚不清楚有多少代表委员以"限外"或治理广州交通拥堵等为主题递交议案、提案或建议，仅从媒体上呈现的代表委员或支持，或反对，或中立的理由来看，明显谁都无法说服谁。这其中，笔者认为中立方的声音值得一听："现在的关键问题是，外地牌车辆对于城市拥堵到底有多大的影响概率，这需要摸清数据后才能做出决策。"

事实上，"摸清数据、科学论证"这样的观点也正是本地媒体在反复呼吁的，相比兄弟城市杭州打造交通数据开放平台，向社会开放交通数据，为交通管理、辅助决策及出行提供服务支撑；上海市政府通过数据服务网开放道路交通等领域的数据，并以比赛形式面向世界征集改善城市交通和市民出行的数据可视化应用和解决方案……广州的交通数据明显不够开放，甚至连一套科学稳定的交通拥堵评估体系都没有建立，以至于官方为了不同的结论需要而剪裁发布数据，在这种情况下，讨论要不要限外，究竟有什么意义？

（原载 2016 年 1 月 26 日《新快报》）

▶ 环环相扣，
多角度追问事实真相

▶ 物价局怎么成了停车费涨价的 "代言人"？

尽管广州市物价局早前已对停车费要上涨的消息在媒体上吹了风，尽管公众已习惯了听证会一次次变异为"听涨会"，但昨日曝光的两套停车费大幅上涨的听证方案还是让人瞠目结舌：方案一是"商业停车场最高涨幅60%"加"住宅涨幅最高300%"；方案二是"商业停车场最高涨幅100%"加"住宅不涨"。

虽然这两套方案目前只是物价局上报市政府的方案，不一定是最终公布的听证方案，但物价局敢于"屡教不改"地拿出两套涨价方案，且是如此大幅的涨价方案，也足见其强烈的涨价意愿。而拿出大幅涨价方案试探民意的好处就是：如果公众反对特别强烈，涨幅就稍低一点；如果不那么强烈，就涨多一点，反正涨价的"天花板"弄得高一些，总是有好处的。

那么在讨论停车费要不要上涨、应该上涨多少等枝节性问题之前，恐怕我们首先该追问的是：物价局自行制订涨价方案，再自行批准，这是否合理合法？知名律师朱永平在两年前广州就水价上涨举行听证会时曾提出过类似的质疑，批评物价局这种"既做运动员，又做裁判员"的做法不是依法行政。

以这次停车费上涨为例，虽然方案称"很多停车场处于亏损状态"，但公众并没有看到具体有哪家停车场提出涨价申请，而是物价局高举"治堵"大旗，越俎代庖地主动替全市范围内的停车场提出涨价诉求，进而自行制订出两套涨价方案。

这样的行政运作方式实在让人深感诧异：在停车场自身没有明确提交涨价诉求的前提下，为什么物价局这么积极涨价？如果物价局本身有强烈的涨价诉求，为涨价背书，成了停车场涨价的"代言人"，那么就意味着物价局作为中立方来核查涨价诉求是否合理的资格已经丧失掉了，那么谁还能代表公众来核查一下，物价局自行公布的"2011年和2012年广州市各类停车场经营成本的监审报告"是否存在问题？

物价局这种越俎代庖的急切心态从其"提前将白云新城片区纳入停车收费一类地区"这一举动中可见一斑。物价局"体贴"地考虑到"白云新城建设后商圈发展及交通运行状况"，因此在该片区交通运行状况尚未达到"中等拥堵"等级的时候，未雨绸缪地把收费一步到位地提到最高标准。

退一步来说，如果物价局认为，停车费上涨是治堵所需，是政府部门出于全盘考虑而主动采取的措施，是名正言顺的，那么它就必须回答这样的质疑：如果停车费上涨后，广州道路拥堵情况没有好转，怎么办？涨上去的停车费还会降下来吗？

也就是说，市物价局有必要对停车费上涨后广州拥堵的缓解效果给出一个相对细化的、可监督的评价标准，这样公众未来可以按照这个标准来评价停车费上涨政策是一步臭棋还是一步高招。报道称，物价局给出的涨价方案中已经指出"通过提高停车收费标准对治堵的效果有限"，也承认治堵要多管齐下，这就是说，物价局对于利用价格杠杆来成功引导市民选择公共交通是信心不足的，对提高停车收费来治堵这一政策的效果是有疑虑的，既如此，物价局还准备大幅涨价，岂不是扇自己的脸？须知，任何以为只需给出一个冠冕堂皇的借口就可以涨价，以为一项政策出台只需拍脑袋不需接受效果评估的想法，都是要流氓。

而其他诸如停车费涨价幅度是如何测算出来的、占用公共道路资源的路边咪表和内街内巷停车场的收入去向等问题，都是物价局在为停车费涨价背书时所必须回答的问题，建议物价局尽早向社会公布听证方案，给社会各界充分的讨论时间，而非掐着时间走程序，一心只想达成涨价意图。

（原载 2014 年 3 月 12 日《新快报》）

▶ 咪表停车费去向不明， 再谈涨价于理无据

昨日有媒体试图揭秘广州欲就停车场收费大幅上涨召开听证会的目的，结果发现：作为提出听证请求方的停车场协会，其初衷原本只是希望上调住宅停车场收费，这样，十年未涨的住宅小区自有产权车位的物业服务费就可以从 120 元上涨到 150 至 180 元/车/月，预计涨价影响范围为数十万辆车。

可没有想到的是，广州市物价局以治堵名义制订了一揽子停车费上涨方案，除室内专业停车场实行市场定价外，其他包括商业、咪表、换乘等 7 类停车场都执行政府指导价和政府定价。

物价局一下子将停车费上涨的影响范围从数十万辆车扩大至全市范围，即至少 250 万辆车，其引发的舆论反弹自然超出想象。有观察人士根据两套听证方案中路边咪表停车费大涨 80% 或 100%，来推测经营咪表停车的公司及城投集团可能是涨价的最大获益者，进而要求公开咪表车位收入去向。

"躺枪"的咪表公司则表示，去年上缴财政的咪表停车经营权出让收入仅为 1 346 万元，而非媒体早前报道的"2.34 亿元"；而且咪表公司并没有涨价的积极性，因为调价后的溢出利润部分也是全部交给政府，有咪表公司负责人甚至认为可以适当降低咪表方案的涨幅。

至于最初提交涨价听证请求的停车场协会，恐怕是最为郁闷的，物价局的两套听证方案（住宅停车要么最高涨 300% 要么完全不涨）根本没能体现其诉求，以至于该协会负责人认为两套听证方案都不够合理，将在第一个方案基础上完善提出"第三方案"。

将此次召开听证会的目的和背景梳理至此，想必读者诸君和我一样，会对这其中的混乱和矛盾感到哭笑不得：要求涨价的停车场协会对两套听证方案都不满意，没有涨价诉求的咪表公司认为可以降低涨幅，本该作为中立方来主持听证会的物价局自行提出两套涨价方案遭到各方反对，且不慎"引火"至财政、交委等其他政府部门，导致舆论要求政府公开近些年咪表停车收入明细及去向，看其是否被用于改善公共交通——如此舆论走向恐怕是物价部门没有预料到，也最不乐于见到的。

不过事已至此，物价部门的"引火烧身"其实正给了公众一个讨论广州停车收费乱象的好机会：

其一，咪表停车收入去向问题。虽然每年 1 346 万元的收入相比之前媒体错估的 2.34 亿元，还不及后者的零头，但它终究是一笔财政收入，既是财政收入，其流向就值得关注，就应该对公众有个交代，况且，年复一年的咪表停车收入加起来，怕也不是个小数目，如果它们真的被用于公共停车场的建设及公共交通的改善，就请公开相关数据。况且，1 346 万元只是"市本级道路"咪表停车经营出让权收入，其他道路的咪表收入呢，去哪了？究竟是哪些人在利用公共资源肥自己的腰包？

其二，咪表停车中的乱象问题。媒体调查发现，广州两家咪表公司在经营中都存在诸如私划车位、多占道、多收费等违规行为，那么对于这些问题，政府部门有无有效的治理措施？如果现状已经是一团糟，政府治理乏力，那么一味靠涨价能解决什么问题？

其三，广州市政协常委曹志伟敏锐地指出，物价局给出的两套听证方案的共同点是"交委所批的占道停车咪表都大幅涨价"，"也许这才是目的"。

的确，咪表停车涨价主要的获益者就是政府，咪表公司反倒要担心涨价后车辆逃费的情况更严重，那么在这种情况下，政府部门极有必要解释一下：以往咪表收费去向尚且不明，如今再谈涨价依据何在？

（原载 2014 年 3 月 14 日《新快报》）

▶ 讨论停车费上涨前，政府应反思什么

随着本埠媒体对"停车费拟上涨"这一话题的讨论日趋深入，有关广州路内停车乱象、配套停车场建设不足等更为深入的问题开始进入公众视野。舆论希望政府回应：对长期存在的路内停车乱象，政府是否做到了有效治理？这些年，政府为配套停车场的建设，又是否尽了最大的努力？毕竟，政府能否回答好这两个问题，是讨论停车费应否上涨的前提。

遗憾的是，从记者调查的结果来看，在路内停车乱象整治和配套停车场建设这两件事上，政府做得都极为不够。

首先来看路内停车乱象问题。自 2001 年起，广州市交委便以兴建停车场征地难、投资高、建设时间长等理由，"暂时"力推咪表停车位以解决难题；结果所谓的"暂时"一直持续了十几年，如今，广州路内停车位已蹿升至 3.5 万个之多（这恐怕还不包括那些私自画线的"黑停车位"）。进而，由路内停车位引发的瓜分单行道、车辆扰民、交通拥堵、收费畸高等乱象引发市民不满，但政府部门对这些问题不定期开展的一阵风整治却总是不够给力。

可以说，交委一味靠挖掘道路资源来增加停车位是一种饮鸩止渴的做法，这个做法在推广十几年后越来越显现其弊端，因为可供挖掘的道路资源毕竟是有限的，路内停车在部分缓解停车难的同时，其实也影响了道路通畅。

而这些占据了公共资源的路内停车位收上来的钱到底有多少，目前公众并不清楚。公众只知道 6 000 个咪表停车位每年上缴市区两级财政大约 2 800 万元，且这笔财政收入是直接进入财政大盘子统筹使用，"用到哪里去很难回答"；至于其他 2.9 万个路内停车位每年上缴财政多少钱、用到哪里去，政府部门没有给出明确答复。据记者调查，部分内街内巷停车场每月要向政府部门上缴 400 元/车位的经营许可费，若以此推算全市 2.9 万个路内停车位应上

缴的经营许可费，自然不是小数目，那么这些钱进了哪个政府部门的口袋，抑或进了哪些个人的腰包，政府方面能否给本明细账？

路内停车位的道路经营权使用费这么多年都没有做到专款专用，这至少说明，政府改善公共交通方面的意识是很不够的；再加上此次公布的停车费涨价方案中，也没有承诺停车收入上涨部分将专款专用于改善交通，更让人觉得政府部门在解决交通拥堵方面的诚意明显不足，只是一味转嫁成本给市民而已。如此行政，自然难以获得市民认同。

其次再看配套停车场的建设。据今年"两会"期间广州市政协城建资源环境委员会的提案分析称，长期以来，广州交通设施规划建设历史欠账突出，甚至近 10 年基本没有财政投资建设公共停车场，导致停车难问题凸显。

按照通行标准，城市中汽车与泊位的配比是 1：3，而截至 2013 年 9 月，广州市机动车保有量约 248.1 万辆，全市登记在册的经营性停车位 62.9 万个，平均 4 部车"挤" 1 个车位，停车位缺口巨大。但直至这次政府提出用停车费上涨的价格杠杆来缓解交通拥堵问题时，公众依然没有看到政府在建设配套停车场方面的规划和努力。譬如广州市交委既然早已意识到停车场建设存在征地难、投资高、建设时间长这些问题，那么这些年为什么没有采取相应的措施推动市财政加大停车场的建设，或鼓励社会资本投资停车场，并由政府方面给予相应扶持措施？

说到底，广州若试图以停车费上涨的方式来缓解拥堵，恐怕首先要反思：政府部门在治理路内停车乱象、建设配套停车场等问题上的表现如何，是否无可挑剔？政府对未来缓解交通拥堵的工作部署，又是否表现出足够的解决问题的诚意？

（原载 2014 年 3 月 19 日《新快报》）

▶ 拟涨停车费背后： 政府捞过界， 协会不作为

广州市停车场协会终于还是拿出了关于停车费调价的第三套方案。作为最初向物价局提出涨价诉求的一方，停车场协会表示，对市交委和物价局联合提出的两套听证方案都不满意，因为协会的主要诉求是"住宅类停车场收

费上调"，而按照两套听证方案中"住宅类停车收费要么上涨300%，要么不涨"的极端设置，其诉求很可能无法达成。

如此看来，停车场协会莫名其妙地"被代表"似乎是很值得同情的，但问题是，该协会一方面质疑政府对商业和住宅停车场的限价没有法律依据，是"政府捞过界"；另一方面，该协会却自2008年起就开始"做工作"，希望物价局能批准住宅类停车场收费上调的方案。

也就是说，停车场协会完全认识到政府干预停车费价格的不合理，但对于这种不合理，他们并没有选择与政府协商谈判，或是走起诉政府的法治抗争之路，而是选择了在既有的游戏规则内，尽最大可能争取把停车费调得高一些、多分一杯羹而已。于是，就出现了如今这种一面抱怨政府"捞过界"，一面却又求着政府批准涨价的荒诞局面。

从这个意义上来说，停车场协会完全不值得同情。政府干预非公共性质的停车场收费，确是"捞过界"的行为；但停车场协会一直忍气吞声，则是没有尽到行业协会应尽的义务，是典型的不作为，至于协会请求物价局批准涨价诉求，更是在某种程度上鼓励政府"捞过界"，完全属于"自作孽"。停车场协会自称其最终目标是"住宅这部分完全按市场标准来定，政府不要限价"，那敢问要达成这最终目标，协会准备怎么做？像现在这样一味向政府提涨价申请，如何能达到"不希望政府干预"的目的？

一直以来，行业协会与政府部门之间的关系就很微妙，这次停车场协会站出来炮轰停车费上涨方案，实在耐人寻味：其一，协会一方面称物价局对停车场的成本监审过低，因监审报告中没有把员工的社保项目和地下车库的土地出让金等算进成本，但另一方面，又根据物价局提交的成本核算报告拟订了第三套涨价方案——如此，岂不是承认物价局的成本核算报告是可以接受的？

其二，报道称，街道停车场的会员被称为"土豪"，从不参与停车场协会的讨论；而街道停车场的经营情况及收费去向一直不明，2.9万个内街内巷停车位的收费到底进了谁的腰包，物价局至今也不回应。这说明对于这些内街内巷停车位，不但政府治理乏力，停车场协会也起不到什么约束作用，而这几万个停车位如果运作不规范，对市场的扰乱作用不可小觑，在停车乱象无法有效整治的前提下谈涨价，如何让公众信服？

其三，停车场协会抛出"住宅停车费涨价利于无车业主"的论调，理由是"涨价后小区里属于公共产权的临时停车位停车收入上涨，这些钱归全部小区业主共同所有，而不涨价致使有车业主大量占用小区公共道路，其实是有车业主占了无车业主的便宜"。可问题是，谁来确保停车费上涨后增收的钱一定是提留到物业专用账户、服务小区业主的？对全市那么多连业委会都没有的小区业主来说，停车场协会这个分化民意的企图实难站得住脚。

归根结底，公众乐于见到掌握一手信息的停车场协会与政府部门角力，在角力的过程中促使更多的信息公开，进而在信息准确、透明的基础上讨论停车费的涨或不涨，而不是双方明里喊屈、背里沆瀣一气。

（原载 2014 年 3 月 21 日《羊城晚报》）

▶ 以治堵为名 "绑架" 七成非公共类停车位涨价，合理吗？

随着 3 月 28 日广州停车费调价听证会的日益临近，关于停车费涨价方案的讨论愈发激烈，但遗憾的是，在公开的讨论辩难中，公众关心的几个关键问题一直没能得到政府相关部门的正面回应。

其一，公众质疑：在过去近 10 年的时间里，广州基本没有财政投资建设公共停车场，政府对停车难问题是负有责任的；而广州市交委却声称，过去 3 年广州共新增停车泊位 19 万个，超额完成了每年新增 5 万个泊位的任务。那么敢问市交委：这新增的 19 万个停车位中，有多少是政府投入的、具有公共性质的停车位？交委是不是把新增的住宅类、商业类停车位都算作自己的政绩了？

数据显示，截至 2013 年 11 月，广州市在册登记的经营性停车场 3 742 个，停车泊位共 64.5 万个，其中住宅类停车位 32 万个，占了近 1/2；商业类停车位 15.7 万个，占近 1/4；余下的 1/4，才是公共类停车位、路内停车位，以及医院、学校、景点等公共设施类停车场提供的停车位。

结合以上数据来看交委和物价部门给出的停车费上涨方案，我们不难得出这样的结论：政府部门是在 "绑架" 全市 3/4 的非公共性质的停车位必须涨价，以配合治堵——这就难怪停车场协会要质疑政府 "捞过界" 了，政府凭什么要求那些具有明确产权的、非公共性质的停车位配合涨价呢？要治堵，政府手中可以打的牌只有那 1/4 的公共性质停车位而已，至于其他停车位，政府无权强力干预。否则，政府部门在投资建设停车场时不作为，在制定收费价格时就 "捞过界"，这种让全体市民为其交通设施规划的滞后买单的做派，如何算得上有治堵诚意？

如果物价部门坚称商业停车场、住宅停车场必须实行政府指导价管理的依据是《价格法》和省物价局《广东省物价局关于机动车停放保管服务收费管理办法》，那就请明示：具体依据两部法规的哪一条哪一款？这些条款与现行的《物权法》是否冲突？

必须指出，在停车费调价听证会召开前厘清"政府对哪些性质的停车位有定价权"这个基本问题是非常有必要的，否则，所有的讨论就陷入了政府部门给定的框架，而一旦不分青红皂白地承认政府部门对全市各种类型的停车场收费都有定价的权力，那么公众可博弈的空间就非常有限；当停车费调价方案按部就班进入听证环节的时候，公众更是只有当砧板上鱼肉的份儿。

其二，公众最为不满的，是当前停车收费乱象重重，且路内停车收费缺乏明细账、去向不明问题；对此，物价局总是在给媒体自问自答的"喂料"中回避这一关键问题，这样的对话态度和能力，真让人忧心。

对现有的 6 000 个咪表停车位，物价部门的成本监审报告称每个咪表车位一年交 2 949.96 元经营权使用费，但实际咪表车位一年要交 5 200 元，这中间的差额，恐不是一句"根据企业实际缴交情况按车位数加权平均计算"就能解释清楚的，而应公开详细的计算过程供公众参照。

至于其他 2.9 万个内街内巷停车位，其收费及收入去向问题更是一团迷雾。在这次停车费上涨的讨论中，那些被停车场协会会员戏称为"土豪"的内街内巷停车位负责人根本就没有露面参与讨论——究竟是哪些人在运营路内停车位？他们为什么不积极力挺可能给他们带来极大收益的停车费上涨方案？或许答案只有一个，就是路内停车实际收费已远超政府限价（这是交委所承认的），所谓的政府定价、政府指导价约束不到他们，如果全市停车费上涨，他们至多水涨船高地跟风涨价而已。

说到底，政府在整治停车收费乱象方面缺乏有效措施，多少次"一阵风"整治后，停车收费乱象依然存在，特别是路内停车收费，公众普遍认为，能随便画线收费的绝不是一般人，其收费去向也相当可疑；而另一方面，政府过去十年对公共停车场建设投入几乎为零，如今却以治堵为名要挟全市 3/4 非公共性质停车场涨价应对，如此城市治理水平，实难让人服膺。

至于在公众面前不断喊冤的停车场协会，如果你们自称最终目标是"住宅这部分完全按市场标准来定，政府不要限价"，那就痛快走法律途径起诉政府，而非像现在这样一边炮轰政府"捞过界"，一边求着政府批准涨价申请，如此南辕北辙，怎么能达到"不希望政府干预"的目的？

（原载 2014 年 3 月 24 日《新快报》）

▶ 停车费调价听证会召开， 期待疑问得到澄清

广州优化调整停车场差别化收费方案听证会今日举行，尽管物价部门已承诺称，"听证方案并非最终方案"，会在广泛听取社会各界及听证代表意见后，做进一步的修改完善，但结合历次听证会开成"听涨会"的惯例，以及日前召开的听证会预备会的代表意见摸底，停车费上涨的结局还是不难预料的，区别或只在于涨多涨少而已。

事实上，经过过去这半个月的全城热议，围绕停车费上涨的一些核心质疑已经非常明了地摆上了台面，该说的话可谓已经说尽，问题的关键只在于：政府部门将如何面对这些质疑？能否正面回应？如果公众对政府部门的回应不满意，在听证会后是否还有继续辩论的空间？是不是随着听证会的结束，所有程序按部就班地走完，物价部门就可以对之前所有的质疑采取"睬你都傻"的态度，然后自行拍板定下最终的涨价方案？

必须指出，从物价部门抛出两套停车费涨价方案到听证会召开，这半个月有限的讨论时间里，物价、交委、财政等部门对舆论抛出的质疑，回应并不是很积极，不但有意回避尖锐的质疑，甚至还存在说法前后矛盾的疏漏。

以 6 000 个咪表停车位上缴的财政收入去向为例，之前市财政局回应称，6 000 个咪表停车位每年上缴财政 2 800 多万元，这笔钱不是专款专用，而是收入以后直接进入财政大盘子，与其他收入一起统筹使用，因此"用到哪里去很难回答"。但物价局日前却给出回复称，2 800 万资金一部分"专项用于市政道路交通基础设施建设"，另一部分"由各区按规定专项用于市政道路养护维修"。

两个政府部门的说法"打架"，究竟谁说的是真的？物价部门如今强调咪表收入用于道路交通基础设施建设，是否在为停车费上涨寻找冠冕堂皇的理由？

面对质疑，政府部门一方面是说法前后矛盾，另一方面则是打死也不回应，这尤其体现在以下两个方面：

其一，舆论质疑物价部门以治堵为名要求全市 3/4 非公共性质的停车场配合涨价，是否合理？是否有悖《物权法》的规定？据市政协关于国内停车场收费情况的调研报告，北京住宅停车场没有纳入调价范围，实行市场价；

上海住宅停车场也没有纳入调价范围，实行业委会与物业协商定价。那么，占广州 60 多万经营性停车位半壁江山的住宅停车位，此次被纳入调价范围，是否合法？政府要不要反省自己"捞过界"的行为？

其二，舆论一直在苦苦追问：那 2.9 万个路内停车位，究竟是谁在经营？收入几何？去向何处？物价部门却始终不肯正面回应，只是宣称，内街内巷路内停车场"收费标准较低，经营收益也相对较低"。不知这结论如何得出？物价部门为何不拿出具体的账本给公众看看，这路内停车收费究竟有多低？为什么与公众的切身感受不符？

更何况，这 2.9 万个停车位，占据了总数本就不多的 3.5 万个路内停车位的八成以上，其对公共道路资源的占据，难道竟不需付出任何成本？如果路内停车收益都没有为财政作出贡献，政府极力鼓吹涨价，获益的会是谁？

其实说到底，物价局自己也承认，听证会是"由政府价格主管部门主持"，"论证价格调整的必要性、可行性"，那为何如今的听证会对调价的必要性论证总是一带而过，直接奔"涨多少合适"的目的去了呢？物价局早早抛出两套都是涨价的听证方案，岂不是昭示其支持涨价的立场？如此立场现行，又怎能让公众信服其公平公正"主持"听证会的能力？

但愿今日听证会结束后，近期舆论提出的所有有关停车乱象的质疑不会被就此搁置，希望政府部门依然有释疑的诚意，有整治的决心，否则，即使政府部门达成停车费上涨的目的，这一决策也始终逃不过被质疑的命运。

（原载 2014 年 3 月 28 日《新快报》）

▶ 25 位代表中 19 人反对， 住宅停车收费还要涨？

停车收费涨价这只靴子就快落地了。

据媒体报道，广州市政府常务会议已审议并原则通过了《广州市优化调整停车场差别化收费方案》，该文件稿将在进一步修改完善后报市委常委会审议，并择日发布，方案大改的可能性已经很小。

另据广州市停车场协会透露的消息，原则通过的方案中，一类地区咪表收费将从现在的 10 元/小时上涨到 16 元/小时，室内住宅停车场月保则从 400

元上调到 500 元。

如果停车场协会的消息是准确的，那就是说，即将出台的停车收费方案，是对之前两套听证方案的折中，是咪表停车和住宅停车都要涨价的方案。那么这个方案一旦出台，必将引发新一轮的争议。

首先来看住宅停车收费。方案拟将一类地区室内停车费月保从 400 元涨到 500 元，但在之前的停车收费听证会上，25 名代表中有 19 人倾向于方案二，即住宅停车收费不涨价。那么现在政府如果公然违背大多数听证代表的意愿，将住宅停车月保上调 100 元，就需要给出更多的理由。否则，政府岂不是明示之前听证会上代表的意见都不作数、听证会是在走程序吗？！

其实，目前一类地区室内停车月保的"黑市价"几乎都超过了 500 元，普遍在 800 元以上，且一位难求。既然之前"黑市价"已普遍存在，物价局也干预乏力，管不得罚不得的样子，那么，凭什么让人相信这一次物价局发布的 500 元/月的月保指导价格会有约束力呢？制定这些没有可行性的指导价意义何在？或许只能解释为，这是对停车场协会的一点安抚，因为月保限价从 400 元涨到 500 元，停车场经营者就可以按最高限价的 30% 多收取一些停车管理费了，即从之前的 120 元/月涨为 150 元/月。

再来看咪表收费。之前两套听证方案中，咪表收费分别预计涨至 18 元和 22 元/小时，如今拟出台的方案，则听取了听证会上咪表公司代表林郁的意见，将一类地区咪表收费从每小时 10 元上调到 16 元，涨幅六成。

之所以要强调"咪表公司代表"的身份，是因为多少有些巧合，调价方案采用了咪表公司代表而非其他听证代表的意见，这与之前不少政协委员担忧的"调价的目的并非为了治堵、而是为了咪表涨价"有无关系呢？其中的奥妙，恐怕会一直让人猜下去吧！

虽然咪表收费 16 元/小时比之前两套听证方案的涨幅都要低，但这仍然难以服众，因为公众最想知道的这些咪表收费的去向问题，政府部门仍没有给出详尽的答复，甚至公众也没有看到这种情况在未来有任何改观的可能。那么，占用公共道路资源停车收费，收了更多的钱都用去哪儿了，未来会不会有制度化的、定期公开的渠道，政府部门难道不应该给个说法吗？

其实，停车涨价的问题争论了这么久，很多人心里都会有沮丧的感觉，就是你问了那么多问题，政府部门想不理就不理，想不回应就不回应，一副谁也奈何不了的架势，以至于公共讨论再怎么充分，到最后也无法真正影响公共决策，对于这种局面，政府部门是难辞其咎的。

（原载 2014 年 5 月 15 日《新快报》）

▶ 整治路内停车， 请先算好停车收费这笔账

广州市政府常务会议日前审议通过了《广州市城市道路路内停车泊位管理工作方案》，提出将每两年进行一次优化调整路内停车泊位规划，实行一位一编号；定期分类核定有偿使用费标准，明确城市道路临时占用费和有偿使用费的用途；此外，还将建设全市统一的停车泊位管理系统，市民可上网查询监督。

应当承认，在停车场价格调整最终方案出台之前，政府部门先摸清家底，出台有关路内停车的管理方案，体现出对停车乱象的整治决心，回应舆论此前的关切，无疑是值得肯定的。但是，对于这一方案，仍有如下几方面的担忧，需要政府部门关注并回应。

其一，对于全市 3.5 万个路内经营性停车泊位的经营所得，其去向未来是否有制度化的、定期公开的渠道？

据统计，广州市路内经营性停车泊位约有 3.5 万个，其中，番禺、花都、萝岗、南沙、从化、增城外围六区约 1.4 万个；中心六区约有 2.1 万个（咪表泊位约 0.6 万个，其他人工收费泊位约 1.5 万个）。之前媒体曾普遍质疑：咪表车位的经营收入去了哪里？结果得到来自财政局和物价局彼此矛盾的回复，前者称这笔钱不是专款专用，后者称这笔钱专项用于市政道路交通基础设施建设和养护维修。

至于 2.9 万个路内停车位的经营收入去向，更是一笔糊涂账，很多本应向财政上缴的道路临时占用费和有偿使用费的车位都处于应缴未缴状态，物价局至今也未回应这 2.9 万个停车位历年的经营收入总额和去向。

如今政府有意整治停车乱象，但似有对过去既往不咎之意，也就是说，过去这些年这 3.5 万个停车位的经营收入到底有多少、去了哪里，好像就此一笔勾销了，没有人需为此负责。其实，既要整治，何妨先算算停车收费这笔账呢？让市民了解过往停车位的经营收入去向，也能增强市民对未来真正建立起停车收费制度化公开渠道的一点信心。

其二，对违规私自划设路内停车泊位行为的监督和处罚，政府部门有没有制定有可行性的执行细则？

市交委表示，将开展专项整治活动，对违法违规、私自划设的泊位要坚决予以取缔；市交委还和广州联通联合推出一款名为"行讯通"的手机应用软件，方便市民对停车泊位的依法经营情况进行监督。

这些宣示性的表态自然不错，但问题是，具体由哪个部门来执法？执法依据和处罚细则是什么？执法中相应的人力物力能跟得上吗？这些细节性的问题若没有明确的说法，必然会影响到实际的执法效果。

特别是除了私设停车位之外，很多路内停车还存在收费标准不透明、远超政府限价等乱象，对于这类行为，方案有没有有效的规制手段？方案提出的"将建设全市统一的停车泊位管理系统"能解决这一问题吗？是否需要把由街道经营管理的内街内巷停车场统一收归区里管理呢？

其三，在规范管理现有停车位的基础上，政府部门对未来停车场的建设是否有长远规划？

据统计，截至 2013 年 9 月，广州市机动车保有量约 248.1 万辆，全市登记在册的经营性停车位 62.9 万个，平均 4 部车"挤"1 个车位，停车位缺口巨大。现有的路内停车终究只能是一种临时性的解决办法，随着车辆的增多和交通压力的增大，路内停车已经显现出越来越多的问题；长远来看，政府部门必须规划建设停车场以解决停车难问题，同时逐步减少路内停车泊位，以缓解道路通行压力。

（原载 2014 年 6 月 25 日《新快报》）

▶ 停车费说涨就涨，收费去向能否明晰起来？

《广州市优化调整停车场差别化收费方案》将从下月起实施。届时，市内的商业配套、咪表停车场停车计时周期将由"半小时"调整为"15 分钟"，一类地区白天的最高限价均为 4 元/15 分钟。住宅停车方面，该方案只对一类地区住宅区停车场收费标准进行了调整，规定最高限价 500 元，二、三类地区收费维持现有标准不变。另外，内街内巷停车场收费维持原标准不作调整。

这一方案与今年 5 月市政府常务会议原则通过的方案基本一致，看来当时停车场协会散布的消息还是比较准确的，当然，方案也满足了停车场协会的诉求：将一类地区市内停车月保费从 400 元涨到了 500 元，相应的，停车管理费终于可以从 120 元涨到 150 元了。

可是，停车月保上涨，满足了停车场协会的诉求，却有悖于听证代表的诉求。因为在停车收费听证会上，25 名代表中 19 人明确表态支持住宅停车收费不涨价。那么现在一类地区住宅停车坚持涨价，物价部门能否解释一下：你们是怎么解读代表意愿的？如果 19∶6 这样压倒性的支持率还是不能决定涨价与否的话，召开听证会的意义究竟何在呢？

至于物价局在回应与方案有关的热点问题时，对商业配套停车场经营所表现出的越俎代庖的关心，更是让人哭笑不得。比如，物价局"体贴"地替商业停车场考虑，将停车计时周期从半小时调整为 15 分钟，可以提高车位周转率；收费标准提高后，多收益的部分可以用来弥补经营、管理费用，增加人员及设施投入等。

看到物价局这些表态，真让人忍不住想对他们怒吼一声：能不能操心点有用的？产权明晰、自负盈亏的商业停车场哪里需要你们操心？倒是占用公共道路资源的咪表停车收费，收上来的钱究竟去哪里了？以前的收费已然说不清楚了，以后的收费去向有可能明晰起来吗？

遗憾的是，对于咪表停车收费，物价局只是轻描淡写地提了一句"将重新评估核定咪表停车泊位上缴市财政的经营权有偿使用费标准，做到应收尽收，增收部分实行收支两条线管理"。收支两条线管理这固然不错，但具体的收支明细能否公开？以何种渠道公开？多久公开一次？这些细节性的问题，物价局都没有回答。而联系到之前财政局与物价局就咪表收入互相矛盾的回复，就不免更让人忧心：占用公共道路资源增收上来的钱，很可能又将去向不明。

还有一点值得注意的是，物价局此次公布了 2013 年全市统一开展的停车场专项整治行动成果，称 2013 年全市共查处停车场价格违法案件 120 宗，查处违法所得 18.371 万元，实施经济制裁 98.185 万元，上缴财政 84.747 万元。

一年查处 120 宗停车场违法违规行为，平均每 3 天一宗，这个违规程度应该说还是比较严重的，更不要说还有那些漏网或是查处后又再复发的案例。那么面对这样的态势，物价局等部门是否做好了执法准备？上个月通过的《广州市城市道路路内停车泊位管理工作方案》，虽然体现出政府部门对停车乱象的整治决心，但至今具体的执行细则仍付之阙如，进而执法成果也难以让人期待。

窃以为，在停车管理方案日趋完备，停车涨价方案已然出台的当下，若想为停车涨价寻找广泛的舆论支持，政府部门一方面要有力打击停车场非法经营、乱收费等问题，另一方面，就是要建立健全停车收费明细定期公开支出，让公众明了：这笔钱每年的总数有多少？到底是不是专款专用于市政道路交通基础设施建设和养护维修？特别是全市 2.9 万个内街内巷停车位的经营收入，真的都上缴财政了吗？它们到底进了谁的腰包？

（原载 2014 年 7 月 11 日《新快报》）

▶ 停车收费如期上涨， 收费乱象何时整治？

《广州市优化调整停车场差别化收费方案》今起正式实施，记者调查发现，市内很多路边咪表早已迫不及待地贴上了涨价通知，但由于划分标准的缺失及收费标准存在差异，咪表停车有攻占内街内巷停车位的趋势；更有部分不法停车场趁机乱收费，幅度远超最高限价。

看起来，停车收费涨价正在为本已乱象横生的停车市场推波助澜，那么公众不禁要问：说好的针对停车乱象的整治行动呢？政府部门难道只负责出台涨价方案，却对停车乱象束手无策吗？

记得在 6 月下旬广州市政府常务会议审议通过《广州市城市道路路内停车泊位管理工作方案》之时，舆论曾不吝赞美，认为这体现出政府部门对停车乱象的整治决心，但同时也担心，所谓的整治缺乏可行性的执法细则，可能会影响实际的执法效果。现在看来，担心正在变为现实：无论是对于咪表停车攻占内街内巷停车位的疯狂，还是对于住宅停车远超 500 元月保限价的局面，政府部门都缺乏有效的制约，市物价局甚至曾明确坦言，对住宅停车中私人产权车位的"黑市价"查处困难。

一方面，政府部门雄心勃勃地为各类停车场制定指导价，另一方面，却又对公然突破限价的违规行为束手无策、整治乏力，这其中的荒谬真是让人无言以对。政府行为本应权责明晰，如果只是一味扩权干预市场，却又对市场中因此衍生的乱象无能为力，这实在有悖于行政权力运作应有的规范。

而整治停车乱象的当务之急，就是明确划分哪些道路应被辟为内街内巷停车，哪些道路可以设咪表停车。广州市停车场行业协会常务副会长潘国璠坦言，目前停车位是"谁抢到就算是谁的地盘"，设了咪表的地方就很难变成内街内巷范围了。那么，随着停车场差别化收费方案的实施，咪表停车与内街内巷停车收费标准将相差数倍，出于利益的驱动，广州很可能出现咪表停车包围居民楼的局面，对此，政府部门可有应对预案？

要知道，咪表停车位已从 2009 年的 3 000 个增加到目前的 6 000 个，5 年间翻了一倍，足见利益驱动之下"圈地"占车位的疯狂。公共道路资源被占据，民众成了砧板上的鱼，政府部门究竟何时才能真正有所行动，清理那些设置不合理的停车位呢？从长期来看，政府部门又是否有足够的人力物力来治理情况如此严重的停车乱象？

整治停车乱象的另一重点，自然就是搞清楚咪表涨价后的收益问题。此前市交委曾表示，会引入第三方对提价后的车位收益情况进行评估，并向社会公开报告，但是增收还是减收还要看评估情况，因为也有可能停车量会减少。市财政局则表示，目前与两家咪表公司的合同还没到期，合同范围涉及的咪表车位有偿使用费怎样调整，还要通过法律途径协商。

看上去，政府部门对咪表公司是非常体贴的，他们非常有契约精神，并不因为咪表涨价而立即向咪表公司加收车位有偿使用费，甚至还担心咪表公司的收益会因涨价而减少。这真是很莫名其妙，如果咪表公司不能从涨价中获益，他们为何要迫不及待地贴上涨价通知？而如果财政不能立即相应地从咪表涨价中收取更多的车位有偿使用费，那何不等合同到期了再谈涨价事宜？在停车费上涨事件中，政府部门的屁股究竟坐在哪一边？

更不要说舆论一直在质疑的包括咪表车位、内街内巷车位在内的全市 3.5 万个路内经营性停车泊位的收费去向问题，至今仍没有详细的答复，甚至未来也看不到去向明晰的可能。在这样的局面之下，停车收费上涨的得益者究竟是谁？

（原载 2014 年 8 月 1 日《新快报》）

▶ 停车收费乱象有增无减， 说好的整治呢

　　广州停车收费自 8 月 1 日起上涨，记者巡街发现，涨价后的首个周末，商场停车猛增而咪表停车大降；停霸王车现象有所抬头；多个商圈堵车依旧，乱停车现象增多，给路面交通带来了更大的混乱。

　　诚然，我们不能用涨价后首个周末的交通表现来匆忙判定停车费上涨方案的所有利弊，但通过媒体报道，我们还是不难感受到公众对于停车收费上涨的种种不适与抱怨。特别是停车费上涨并没有令车流量立竿见影地减少，这让官方利用涨价来治堵的说辞备受质疑。

　　对于涨价与治堵之间的因果关系，或可要求公众给予更多的耐心来观察；但对于当下停车收费中的乱象，却没有理由要求公众默默承担，特别是当新出台的停车涨价方案有为收费乱象推波助澜之时。

　　不过颇堪玩味的是，尽管近一周以来，城内多家媒体集中报道了内街内巷及住宅、咪表停车场的各种乱收费情况，但广州市物价局在日前的巡城查访中，却只带记者去了几家正规的、无违规行为的停车场查访，被曝光的乱收费停车场则一个也没去。

　　物价局"揣着明白装糊涂"的本事真是让一般人难以企及啊！任你媒体吵翻天，曝光得有名有姓，就差提供线路图让物价局按图索骥去查办了，但物价局我自岿然不动，完全视而不见，看你能奈我何？

　　更让人匪夷所思的，是物价局的表态，称"本次市、区物价部门联动，在全市范围开展机动车停放保管服务收费巡查，是为促进新方案的贯彻落实，发现和解决新方案执行中的问题，而非严厉处罚"。

　　巡查是为"发现和解决问题"，而非"严厉处罚"，物价局的说辞真是动听，但问题是，你们专挑正规停车场去看，如何能发现问题？而对于苦民已久的收费乱象，为何不能严厉处罚？难道纵容收费乱象有助于涨价方案实施？

　　事实上，尽管舆论一再呼吁政府部门整治停车乱象，但有关整治的主体、依据、细则等问题都很不明确，有些问题由物价局查处，有些又由交通部门查处，加上部门之间的扯皮推诿，种种因素制约了整治行动的开展。难道，广州当下的停车收费乱象，就无人能管了吗？

需要强调的是，笔者呼吁整治停车收费乱象，并不是赞同"行政之手"过多干预市场，特别是不认为政府部门一刀切地要求全市 3/4 非公共性质的停车场涨价之举合理合法，笔者只是认为，对于那些占据了公共道路资源的咪表停车位和内街内巷停车位，政府部门有责任做好监管，尤其是近来媒体报道中指出的咪表停车攻占内街内巷停车位、咪表公司偷偷设置月保车位，以及咪表车位和内街内巷车位的停车收入去向等问题，政府部门有责任尽力查处，并向公众做出解释。

广州停车收费乱象不断并不是一天两天的事，这其间，政府部门的不作为、乱作为是难辞其咎的。而今以"治堵"为名进一步上涨停车费，却对政策引发的市场混乱治理乏力，实在让人忧心广州未来停车收费会发展至何种境地。

坦白讲，尽管很多人并不看好涨停车费与有效治堵之间的关系，但大概少有人怀疑未来政府部门会拿出漂亮的数据来论证他们的"涨价有理"，因为按政府部门的逻辑，推出的政策总是合理有效的，如果效果不明显，那也总是有充分合理的理由的，总之要让他们承认决策错误，那真是难上加难的事情。那么抛开涨价治堵的逻辑不谈，只想问问物价、交通等部门：对当下媒体曝光的停车收费乱象，你们到底有没有根治的良策？究竟谁该为广州停车乱象负责？

（原载 2014 年 8 月 4 日《新快报》）

▶▶ 停车收费乱象愈演愈烈， 广州交委何时出手？

《广州市优化调整停车场差别化收费方案》实施已近一周，记者调查发现，高价的路边咪表停车遇冷，维持原价的商场停车爆满，车主随意乱停车现象突出，路面交通拥堵情况也没有改善。

公众对于停车收费乱象的抱怨几乎可以用怨声载道来形容，但蹊跷的是，面对媒体连续多日的炮轰和揭露，物价、交通等部门却保持着意味深长的沉默。这不禁让人好奇：当初积极推动停车收费上涨的政府部门，都到哪里去了？难道对于涨价政策所引发的市场乱象，可以这样置身事外吗？

而就在 6 月下旬，广州市政府常务会议才审议通过了《广州市城市道路路内停车泊位管理工作方案》，提出将每两年进行一次优化调整路内停车泊位规划，实行一位一编号；彼时市交委也表示，将开展专项整治活动，对违法违规、私自划设的停车泊位要坚决予以取缔。

那么，对于眼下媒体曝光的咪表停车"攻占"内街内巷停车位等乱象，交委为何没有整治行动？按理说，路内停车泊位的优化调整，应该在涨价方案实施之前先完成，而非像现在这样，让不少投机者钻了空子，利用咪表停车与内街内巷停车收费之间的巨大差距，急剧扩张咪表车位，甚至出现咪表停车包围居民楼的局面。

据广州市停车场行业协会常务副会长潘国璠透露，目前停车位是"谁抢到就算是谁的地盘"，设了咪表的地方就很难变成内街内巷范围了。这简直是荒唐，公共道路资源竟被如此无序瓜分，成了弱肉强食的游戏，究竟谁之过？

应当指出，当下政府部门整治停车乱象的重点，就是遵照之前"路内停车泊位管理工作方案"所承诺的，尽快建设好全市统一的停车泊位管理系统，供市民上网查询监督，同时对媒体曝光的近期从内街内巷停车位摇身一变为咪表停车位的行为，应予清理和追究责任。

有报道称，咪表停车位从 2009 年的 3 000 个增加到目前的 6 000 个，5 年间翻了一倍，虽然咪表车位在一定程度上有助于缓解停车难，但它同时也占据了路面，加剧了交通拥堵，是饮鸩止渴的解决办法。如今则更是要警惕在咪表收费大涨而泊位规划尚未出台的空窗期，咪表车位疯狂扩张的行为。

不过，谈及停车乱象的整治，另一个让人担忧的问题是：政府部门的执法力量能否应对得了如此严峻的局面？根据物价局公布的 2013 年广州市统一开展的停车场专项整治行动数据，当年共查处停车场价格违法案件 120 宗，平均每 3 天一宗，而这还仅是停车收费乱象中归物价局查处的部分，如果将交委查处的私设泊位等违规行为一并算上，停车乱象的严重性不可低估。那么，政府部门是否有足够的执法力量来应对？出台的管理方案总不能只是纸面上好看，却完全没有执行力吧？

（原载 2014 年 8 月 7 日《南方都市报》）

▶ 停车收费乱象： 不愿管， 还是管不了？

与广州市物价、交通等部门的淡定无为相反，本地媒体上近来关于停车收费乱象的揭露和讨论可以说是沸反盈天。这不，连《广州日报》也站出来披露停车收费的四大乱象了，主要包括：内街内巷停车场趁机涨价，部分咪表员"议价"揽客，计费时段不按规定收费，住宅 500 元月保是"传说"。

媒体对停车收费乱象的报道一桩桩都可谓指名道姓，完全可以视为公开的举报，但让人纳闷的是，当初积极推动停车费上涨的物价、交通等部门此时却稳坐泰山，根本就没有按图索骥去查办的意思——虽然，他们一再表态：要及时处理有关停车场收费问题的举报投诉。

那么，广州的停车收费乱象，到底是相关部门不愿意管，还是他们根本就管不了呢？难道任由这些不法停车场趁着所谓的"涨价过渡期"随意宰客吗？难道两个月的涨价过渡期意味着执法的空窗期？针对停车收费乱象的执法，究竟在等什么？

其实，公众对当前停车收费乱象的愤慨，并非仅仅计较于自己被多收了几块钱，而是担心，当前的乱象会对今后产生更深远的影响，其中最关键的一点，就是咪表收费"地盘"的进一步无序扩张。

不幸的是，这一担心正在变成现实。媒体报道显示，因为咪表停车收费提高至 4 元/15 分钟，而内街内巷不提价，仍执行 2 元/半小时、12 小时 12 元的标准，二者之间巨大的收费差距，加上目前广州尚未明确内街内巷停车场和咪表停车场的划分标准，已经使得部分地方出现了咪表包围居民楼的局面。

出现这样的混乱局面，物价、交通等部门必然是难辞其咎的：为什么不能先设定好路内停车泊位标准，为全市 3.5 万个路内停车位编号、登记造册完毕，再实施停车涨价新政呢？

广州市物价局负责人表示，预计两个月之后才能公示正规路内停车场名单，届时"正规的停车场和车位将挂网公示，市民可上网查询看该路段是否合法"。那么敢问在这涨价过渡期内，一夜之间变脸为咪表的停车位，将如何处置？它们会在未来核查停车位时，摇身一变为正规的咪表车位吗？物价局口口声声称，在涨价过渡期内，按新标准涨价必须张贴公告或者改换收费牌，否则将被查处——那么，就请物价局别光说不练了，抓紧查处吧！就怕违规现象太多，物价局查处不过来呢！

公众对于当下停车收费乱象的另一不满之处在于，涨价后的收益真的上缴财政了吗，抑或是进了某些个人的腰包？

报道指出，为了与内街内巷"抢客"，咪表保管员开始"议价"揽客，收取现金。这种违规行为大量存在又非常隐蔽，难于监管，必将导致本应上缴财政的部分流入个人腰包，也不利于官方科学评估咪表涨价后的收益。

其实，公众认为咪表涨价必然会让财政增收本就多少有些一厢情愿，因为交委、财政等部门早就"体贴"地表示，咪表涨价后增收还是减收要看评估情况，再者与咪表公司合同未到期，咪表车位有偿使用费的调整要通过法律途径协商。

那么，为什么不能估算、核定好咪表车位有偿使用费，就合同问题与咪表公司商量好，再来涨价呢？现在匆忙涨价，究竟肥了谁的腰包？

说到底，政府部门以涨价治堵为名实施的停车收费新政，决策背后是一团糨糊：停车位底子没摸清，先涨价；咪表收益去向没谈妥，先涨价——总之，不管各方是否准备停当，先把价格涨起来再说。这如何称得上科学理性决策？而若连最基本的情况都搞不清，那么预计涨价能治堵，是不是过于乐观了呢？

（原载 2014 年 8 月 13 日《新快报》）

▷ 评估涨价治堵， 几时能有方案？

据报道，广州停车费涨价方案从 8 月 1 日起施行至今已满月，交通拥堵指数却不降反升。对此，市交委表示涨价才一个月，对于一项交通管理政策来说还很难完全发挥作用，目前政府部门也在密切跟踪广州交通拥堵的变化，"将会有一个全面综合的绩效评估"；市物价局则表示，将"及时评估停车场收费调整对于改善中心城区交通拥堵状况的效果"。

停车涨价方案实施满月，媒体的调查、评估报告已经出来了，相关政府部门的评估结果竟然连影子也没有，这不禁让人怀疑：对于如何测算停车费上涨与缓解交通拥堵之间的关系，政府部门手里究竟有没有一个相对科学的、有可行性的评估方案？至少目前从市交委和物价部门顾左右而言他的回复来看，答案很可能是否定的。

政府部门推出一项影响甚广的决策，却缺乏相应的评估方案和问责机制，这在广州并不是什么新鲜事，尽管在停车涨价方案出台之前，媒体早就提醒：应有对政策施行效果进行评估的具体方案，否则涨价对治堵无效的话，涨上去的价格是不是应该再降下来？

可惜，舆论的质疑和提醒被当作耳边风，停车费终究是涨了上去，而涨价治堵的承诺也越来越像一个无法兑现的谎言。

譬如，对于8月份交通拥堵指数不降反升的局面，交委表示"七八月属暑假期间，对交通拥堵指数也可能有影响"——如果这也可以作为一种能被接受的理由的话，那么八月暴雨、九月中秋节市民集中出行、十月国庆假期集中出游等与停车费上涨无关的杂七杂八的理由都可以用来解释交通拥堵指数可能居高不下的现象，如此，停车费上涨是否有效缓解了交通拥堵就成为无法评估的事情，而科学、可行的评估方案是应该排除这些因素的影响的。

其实，早前物价局给出的涨价方案中已经指出"通过提高停车收费标准对治堵的效果有限"，也承认治堵要多管齐下，既如此，物价、交委等部门为何执意选择涨价这条路，而不从解决占道施工过多、交通设置不合理、排水设施不足等因素入手，来缓解对交通拥堵的影响呢？

我们看到，过去一个月中交通拥堵指数最高的是8月22日，当天因为暴雨，天河区和越秀区拥堵指数均超过8，为严重拥堵。除了雨量过大的因素，道路排水能力的不畅想必对加剧交通拥堵也有"贡献"，再加上遍地开花的道路施工，广州的交通拥堵怎么可能仅凭提高停车收费来解决呢？我们甚至可以追问：停车涨价是缓解交通拥堵的最主要手段吗？在影响交通拥堵的诸多因素里，涨停车费究竟因为它是最关键的那一个，还是因为它是最容易操作的那一个？

如今交委表示一个月太短还看不出停车费上涨对治堵的效果，那么不知交委认为需要多久才会显现出效果呢？交委据以评价效果的方案，又是否可以公开，让公众对评估标准也有所了解和监督呢？

而至于物价局表态要"建立与交通运行状况挂钩的咪表停车场收费标准联动调整机制"，我们不能不问：为什么没在停车费上涨之前就建立起联动机制？如今交通拥堵指数不降反升，咪表停车的收费标准准备如何联动？

（原载2014年9月3日《新快报》）

没有问责机制， 摆摊接受问政又如何？

广州市28个政府部门日前摆摊接受政协委员问政，其中"涨价治堵"问题受到多位委员关注。面对韩志鹏、崔虹、曹志伟等委员追问"停车费上涨但拥堵未好转，怎么办"，市交委答复称"时间还短，治堵成效还没显现"。

交委这答复，听得人耳朵都要出茧子了。记得停车涨价政策满月时，媒体已有了"交通拥堵指数不降反升"的调查报告，交委则称一个月时间对于一项交通管理政策来说还很难完全发挥作用；如今政策实施近两个月了，交委依然坚称"时间还短"——也不知道在交委看来，究竟要给涨价治堵政策多长的评估时间才算合理？涨价治堵成效究竟何时才能显现？

现在看来，即使是政协委员来问政，交委也能一再地模糊回答、搪塞过关，或许这才是让公众感到最沮丧的地方：没有问责机制，摆摊接受问政又如何？

当然，我们也应当看到，几位政协委员在问政中依然提出了一些关键问题，值得媒体继续追问、深入调查下去：

其一，交委、物价两部门为何在咪表泊位尚未摸清底的情况下就涨价？如此决策，其依据充分吗？

广州咪表停车位登记在册的有6 000个，而政协委员曹志伟认为实际数量应超过1万个，大量媒体报道也佐证了咪表停车场违规私设车位的情况是普遍存在的。况且，曹委员去年就提交了相关提案，市交委去年9月也承诺将会"全面清理停车泊位并按要求实施编码管理"，为何至今一年时间过去，咪表车位的清理、编码尚未完成，价格倒是先涨起来了？在大量咪表车位脱离有效监管的前提下，大幅涨价肥了谁的腰包？既然交委预计年底之前就可以公开停车泊位数量，那涨价一事为何不能再等等？

其二，咪表涨价后，咪表公司多收的钱有没有上缴财政？

其实，在咪表车位数量都没搞清的情况下，讨论咪表公司涨价后的收益问题是很难的。交委早前也表态称，咪表公司可能因停车量减少而导致收益减少；这次更是声称，咪表公司多收费用的去向问题属于"商业秘密"，恐怕难以透明化。态度可谓"体贴"到无以复加。

但问题是，如果停车涨价并没有让咪表公司多上交一分钱给财政，我们为什么要同意涨价？因为涨价就能治堵？即使这一逻辑成立，因涨价而增收的部分，也应该上缴财政、专款用于解决交通出行问题才是。可如今交委竟称增收部分属于咪表公司的"商业秘密"，真是让人错愕不已！

正如曹委员所说，"占用公共资源经营的企业没有商业秘密，自来水公司和燃气公司都必须公布经营成本，咪表公司也不能例外"。咪表公司占用的是公共道路资源，据曹委员测算，"一个咪表车位每年停车费收入3万多，减去缴纳的占道费各种费不到5 000块，完全是暴利"。那么，面对用数据说话的曹委员，交委方面可以拿出与之辩驳的数据吗？

应当说，政协委员提交提案、参与摆摊问政，已经充分尽到了自己的职责，但面对没有受到明确问责机制制约的政府官员，一再追问涨价治堵决策的科学性、合理性，又能得到怎样的结果呢？这事情想来就让人感到悲观。

说到底，对于涨价治堵这样广泛影响民生的决策，在出台之前就应该建立起相应的问责机制，规定在多长时间内如果没有达到预期效果，就必须问责决策者，并废止相应的决策，唯此，才能让决策者们审慎对待手中的权力，仔细权衡每项政策出台的依据是否充分、措施是否可行、效果是否可控，不至于过分草率地做出决策。如果把话说得再透彻一点，那就是：若问责机制完善且有效运行的话，摆摊问政本身都会显得多余。

（原载 2014 年 9 月 25 日《新快报》）

▶ 论证交通拥堵缓解，不能选择性发布数据

广州市交委日前发布 8—10 月份中心城区交通运行情况，数据显示，城区道路运行速度略有提升，交通拥堵减轻了；私家车出行量略有减少，公共交通客流稍有提高，市民出行方式有所改变。

有媒体据此打出"广州交委：调整停车费后交通拥堵减轻"的新闻标题，窃以为不够准确，因为上述数据虽然呈现了自 8 月 1 日起广州大幅上调停车费后的交通状况，但交委并没有直接将交通拥堵减轻的原因单一归因于停车费的上涨，因此媒体不宜将结论扣在交委头上。

但另一方面，我们又很难真的去责难记者草率得出这样的结论，因为交

委选择发布 8—10 月的交通拥堵数据，确实容易让人认为是在对 8 月份起停车费上涨后的广州交通拥堵有所缓解的情况邀功摆好。

那么问题就来了：交委发布 8—10 月交通拥堵数据，到底想说明什么？之前交委承诺对停车费涨价方案"将会有一个全面综合的绩效评估"，现在评估方案出来了吗？这一次发布的数据，能否被认为是依据评估方案而得出的？

之所以要追问数据背后的依据，是因为对于停车费涨价方案的评估方法，交委迄今没有公开，公众不免担心此次的数据发布是有选择性的，未来并不能形成定期发布的机制，而是有可能视数据是否有利于证明拥堵缓解，再决定发布与否。

比如，交委此次发布的数据，提到的监测对象有"中心城区 25 条主次干道""中心城区 20 条重点咪表停车路段"，以及"30 家重点商业办公类停车场"等，监测时段则提到了"工作日晚高峰时段"，相应的数据都是有利于证明交通拥堵缓解的。

那么，我们是否可以认为，上述提到的监测对象和时段，就是未来长期、固定的用以测量交通拥堵程度的参照物呢？这些被监测对象能否科学反映全市道路交通拥堵情况？这 25 条主次干道、20 条重点咪表停车路段，以及 30 家重点商业办公类停车场具体是哪些？能否公开名单？否则，下一次交委若另选监测对象，得出一堆漂亮数据以证明交通拥堵有所缓解，我们如何能判断交委是否从中做了手脚呢？

譬如这一次，数据显示，8—10 月份广州中心城区工作日晚高峰时段主干道整体拥堵情况略有缓解，那早高峰时段拥堵情况如何？为什么没有提及？交委发布的数据都显示拥堵程度在下降，但下降多少才是当初停车费上涨所要达到的目标？如果以后拥堵情况有所反弹，又该如何科学评价停车费上涨与之的关系？

之所以提出这些烦琐的问题，是因为迄今为止，公众仍然不知道政府部门是以怎样的方案来评估停车费上涨政策引发的诸多后果的，甚至不知道政府部门手里究竟有没有一套科学的评估方案。

犹记得停车费涨价方案满月时，交通拥堵指数不降反升；如今方案满 3 个月，交委发布了证明交通拥堵缓解的漂亮数据，似有暗示其与停车费上涨之间存在因果关系之意，这是需要警惕的。但凡不明示调查过程、不阐释抽样理由，而直接给出调查结论的，结论本身的科学性都要被合理质疑。

归根结底，公众固然乐于看到交通拥堵有所缓解，但同时更想知道，停车费上涨与交通拥堵缓解之间有何关系，以避免单一归因引发的盲目乐观情绪，并由此反思停车费上涨政策的合理性问题。

（原载 2014 年 11 月 17 日《新快报》）

▶ 咪表车位被裁撤， 果真因为亏损吗？

据报道，广州近期已基本完成咪表车位划定和二维码查询工作，记者走访时发现很多路段咪表车位被撤销，而据市停车场协会透露，有一家咪表公司已撤销了 200 余个咪表车位。

对于咪表车位被撤，很多人将其归因于咪表车位"太贵""入不敷出"，把车位裁撤视为"无奈"的"减亏"之举，可事实果真如此吗？别忘了，8 月初停车费大涨时，媒体曾报道过咪表车位出现无序扩张的情况，甚至一度出现咪表停车位包围居民楼的局面；而更早前，咪表公司私自增设停车位也不是什么新鲜事。

那么，结合当前正值咪表车位划定的关键时期，咪表车位被裁撤，究竟是对过去车位无序扩张的纠偏，还是真的为了减少亏损？

其实咪表公司自己也承认，较场东路被撤销的十多个咪表车位，是属于附近某地产公司的；而以前咪表公司为部分执法部门的车辆专门划定的车位，在此次咪表车位划定中，也不再记数。因此，简单地将咪表车位裁撤与停车费上涨、车位遇冷联系起来，实在是"很傻很天真"的。

至于"撤销 200 余个咪表车位"的说法，也只是某咪表公司表态"要撤销"而已，尚未完全落实，更何况，谁能说清楚，这 200 多个咪表车位之前确有合法"准生证"？笔者甚至敢于猜测，这些被裁撤的咪表车位，之前就是"非法"存在的，只不过在这次车位划定中被清理出来而已。否则实在难以理解，在停车位严重不足的情况下，咪表公司放着钱不赚，竟会因为停车量少就把车位裁撤掉，这在逻辑上是说不通的。

因此，媒体与其帮着咪表公司喊亏损，不如呼吁交委和物价部门仔细调查下：此次裁撤的车位之前究竟有无合法"准生证"？它们非法存在了多久，为咪表公司赚了多少钱？这些钱又去了哪里？又比如较场东路被撤销的那十多个咪表车位，到底与某地产公司及咪表公司有什么关系？地产公司什么时候也可以私设咪表车位了？

写到这里，就不能不再追问一下：广州咪表车位的数量到底有多少？市交委今年 9 月在回应市政协委员曹志伟提案时提到，广州中心六区咪表停车位约有 8 000 个；而 11 月 10 日，市交委通报称，经过为期 3 个月的全面清理整顿，中心六区共有合法经营性咪表泊位数 6 426 个。

从 8 000 个到 6 426 个，数额相差 1 500 个左右，从中可看出在之前相当长的一段时间里，私设咪表车位情况之严重。在这种情况下，咪表公司喊亏损，可信吗？要知道，当初停车费拟上涨的听证会上，就是听取了咪表公司代表林郁的意见，将一类地区咪表收费从每小时 10 元上调到 16 元，而现在停车场协会竟称"咪表公司并不赞成咪表位大涨价，连 16 元/小时都嫌高的，但为了治堵不得不涨"，不觉得精神分裂吗？咪表公司若不赞成涨价，又怎会在第一时间迫不及待地贴出涨价通知？或许咪表公司唯一没有料到的是伴随涨价而来的车位裁撤、划定和二维码查询，让私自增设车位变得非常困难了吧！

至此，问题已经逐渐清晰，即广州中心六区合法咪表车位有 6 426 个，但过去大量存在的非法停车位为咪表公司带来的收益去向不明，合法存在的停车位上缴财政的停车费和支出明细也未向公众详细披露。因此，广州有必要在清理咪表车位后，对咪表车位的经营账本展开进一步的清理，给公众一个交代。

而对于《南方周末》报道中提到的 2011 年广州中心城区路内停车泊位招投标过程中存在蹊跷之处一事，也望相关部门据此线索展开调查——至少，眼下清理出 1 500 余个非法停车位这一确凿事实，已足以令公众对两家咪表公司的经营资质产生强烈怀疑了。

（原载 2014 年 11 月 20 日《新快报》）

▶ 咪表停车收费问题多，有无利益输送当严查

广州咪表停车收费背后的问题正在逐渐浮出水面。媒体调查发现，从咪表经营权的蹊跷获取，到咪表泊位的翻番增长，再到停车费上涨后咪表上缴财政的钱不涨反降……咪表停车收费背后的问题可谓触目惊心。

特别是近期发布的审计报告显示，2012 年电子泊车公司和德生咪表公司未按实际经营路段缴交道路自动收费停车泊位经营权收入，合计 70 条路段没

有缴费记录；已经缴费路段的缴费车位数少于实际经营车位数，且差异较大。但至于到底差额有多大，报告没有披露。

仅 2012 年，两家咪表经营公司就有 70 条路段没有缴费记录，且缴费车位数远少于实际经营数，这样在大马路上、眼皮底下的违规行为，为什么能存在？这其中是否涉嫌利益输送和腐败？

恐怕在督促市财政局对两家咪表公司的漏缴费用予以追收之外，监察部门也要迅速行动起来，查一查这其中的利益勾连，而审计部门也应进一步扩大审计范围，梳理出过去十余年两家咪表公司上缴财政的明细账，给市民一个交代——毕竟以常理推论，2012 年就存在的问题至 2014 年底才发现，很难让人相信漏缴"占道费"的问题仅孤立存在于 2012 年这一年内。

其实如果回溯广州目前经营路内咪表泊位的两家公司（电子泊车公司和德生咪表公司）获取咪表经营权的过程，就会发现其间有大量疑团让人不解：电子泊车公司是如何最早在 2001 年获得经营权的，无公开资料可查；而德生咪表公司在 2008 年经营期满至 2011 年 11 月重新招标之前的这段长达 3 年多的空当期内，一直经营着 1 022 个咪表泊位，其经营权并未由政府无偿收回。在经营权到期的情况下竟然可以继续安然经营 3 年多，并在咪表车位重新招标时再次中标，德生咪表公司的"市场运作"能力让人惊叹，这背后果真没有利益输送和腐败吗？

还有咪表泊位的翻番增长问题。公开资料显示，只有 3 122 个咪表泊位有过公开招标记录，但市交委公布广州当前的咪表泊位有 6 426 个，其中 3 000 多个泊位在过去十多年中是通过什么渠道获得合法"准生证"的，媒体无法从公开渠道查询到相关招标记录，只能寄希望于政府部门给出合理解释，否则，又如何能消除公众对于咪表泊位翻番增长背后可能暗藏腐败的疑虑呢？

从 8 月至今，广州停车费大幅上涨已经满 4 个月了，但是公众依然没有看到政府职能部门采取任何实质性的行动，来调研咪表车位的经营情况，并论证咪表公司上缴财政的"占道费"是否应随之上涨等问题，这愈发让人怀疑停车费上涨背后的真实原因所在。

尤其是媒体梳理发现，上一次停车费上涨是在 2008 年，而 2011 年 11 月起，广州二三类地区咪表泊位的道路经营权有偿使用费却开始下调，形成咪表公司上缴财政的"占道费"不涨反降的局面。

政府部门总是"体贴"地为咪表公司想得更多，积极推动停车费上涨，却不操心财政能否从停车费上涨中获益、不操心如何利用增长的"占道费"加快停车场建设等问题，这究竟是为什么？究竟谁在从停车费上涨中获益？

必须指出，在媒体已经曝出两家咪表公司的经营存在如此多问题的情况下，是否应该继续由电子泊车公司和德生咪表公司来经营广州咪表车位，是要打一个大大的问号的，至少，也应该让两家公司处理好手尾、补上漏缴的"占道费"再说。而长远来看，广州咪表车位经营有待重新洗牌，在公开、公平、公正的基础上面向市场再招标。

（原载 2014 年 12 月 4 日《新快报》）

▶ 停车场协会在为谁 "挡枪子"？

广州停车费事件争议至今，舆论其实已经陷入了疲劳，特别是当所有的质疑都只得到来自广州市停车场协会的回应，而交委、物价、审计等部门竟都仿若置身事外时，争论的价值无形就大大削减了。

毕竟，停车场协会本身就有为行业代言的动机，即使其释放"烟幕弹"误导媒体或是极力狡辩，公众也不能奈它何；而如果政府部门出面回应，则要考虑其言行可能被追责的风险——既如此，我们又何必花那么多的力气纠缠于停车场协会的说法，和它打口水仗呢？我们更应该追问的是，相关的政府部门为什么可以不就舆论质疑的问题展开调查？停车场协会积极发声，究竟是在为谁"挡枪子"？

比如市物价局公然声称：今年停车收费调整之前，只调查了一二三类地区路内停车位的平均成本，没有单就两家咪表公司经营的停车泊位进行成本调查——这样的调查数据怎么可能为咪表车位的涨价提供参考价值？况且，在舆论猛烈抨击单个咪表停车位的经营成本远没有停车场协会所标榜的 9 600 元/年那么高，单个咪表每天利润也不可能如停车场协会声称的低至 1.1 元时，物价局为什么不能展开调查，给公众一个权威的调查结果？

又比如审计部门，在公开了两家咪表公司（电子泊车公司和德生咪表公司）2012 年"有 70 条路段没有缴费记录、占总经营路段的近三成"之后，仅仅是提请财政局与城投集团沟通，督促企业补缴并对此规范管理，却没有向公众解释：咪表公司出现这样严重的上缴财政费用不足问题是否涉嫌违法，是否需要移送相关部门展开进一步的调查并追究相关人员责任。似乎咪表公司漏缴、少缴财政费用，并不是特别严重的事，只需被温柔地"督促"一下而已。

　　再比如市交委方面，关于广州究竟有多少咪表停车位的问题，在 11 月 10 日通报"中心六区共有合法经营性咪表泊位数 6 426 个"之后，就置身于停车费争论之外，并不解释为什么去年 9 月在回复市政协常委曹志伟的提案时还说有 8 000 个停车位，更不解释目前咪表泊位的清理整顿和编码工作是否已完成。市交委曾承诺要在 12 月 1 日前为全市咪表泊位标识二维码，供市民验证"真伪"，但现在 12 月已经过了一个礼拜，交委仍未就编码事宜给公众一个交代。

　　至于为什么只有 3 122 个咪表泊位有公开招标记录，而实际有 6 426 个咪表泊位在经营的问题，从交委到物价再到城投集团，多个部门对此似乎保持着合谋性的沉默，谁也不出头回应；只见停车场协会"挺身而出"，和舆论纠缠于"广州停车费收入 10 亿元算法不科学"等琐碎问题，挑动公众情绪，却不负责提供任何可供核查的证据。

　　必须承认，停车场协会这种主动给媒体"喂料"的策略是非常成功的，因为一方面，协会不直接插手咪表车位经营，和私划车位、少缴费等乌七八糟的事情扯不上直接关系，其发声时可以更加理直气壮；另一方面，协会也不是政府职能部门，它只负责为行业说话，管它说对说错，吸引舆论关注就好，无形间正好减轻了政府部门所承受的舆论压力。

　　因此，当停车费争论至今，变成市政协常委曹志伟和市停车场行业协会常务副会长潘国璠隔空喊话时，我们尤需警惕：谁在这场争论中缺席了？政府部门可以一直这样沉默下去吗？停车场协会对停车费事件的深度卷入是不是在有意模糊讨论焦点、帮政府部门"挡枪子"？如何让这场有关停车费的讨论有意义地进行下去，已不能靠媒体单方面来追问了，而是必须督促市人大行动起来，以权威调查结果平息所有的纷争。

（原载 2014 年 12 月 8 日《新快报》）

▶ 停车场的 "管理真空" 远不止于无证经营问题

　　据广州市停车场协会透露，前年全市在册登记的 3 742 个经营性停车场中，至今仍有 2 600 多个证照不齐，这一方面是因为"办证难，干脆就不办证，反正也没人管"，另一方面则是因为自去年5月新的《广东省道路运输条例》实施后，申办停车场不再需要交通部门审批，但工商和物价部门又没有及时组建起检验停车场是否符合规范的专业队伍，导致停车场陷入"管理真空"。

如果市停车场协会提供的数据是真实准确的，就意味着广州有近七成的停车场在违规经营（这还没算上那些根本没有登记在册的黑停车场，如果将这部分算进去，违规比例恐更高），这样的乱象竟明目张胆地长期存在于广州街头，管理部门可谓难辞其咎。

那么，相应地，公众自然就会好奇：这些无证经营的停车场，究竟是谁在经营？我们交的停车费究竟去了哪里？为什么黑停车场能够长期存在？

据了解，广州目前无证的黑停车场主要有四类：一是没有规划、没有产权、没有相关证照，利用各种退缩位、空地设置的黑停车场；二是由街道、城中村在路内设置，但未办相关证照的黑停车场；三是由于目前交通部门不再审批停车场，工商物价办证又遇障碍而产生的黑停车场；四是咪表、内街内巷等各类停车场私划多划出来的停车场。

除去第三类因政策原因无奈导致的黑停车场，以及第四类因管理不到位滋生的"漏网之鱼"黑停车场（位），这里特别要关注前两类私设的黑停车场，因为路内停车一般都需缴纳"经营权有偿使用费"和"临时占道费"，那么这些在内街内巷、人行道、退缩位、空地等处私设的停车场，有没有向市区两级财政缴纳这些费用？是否有人在占用公共资源做无本万利的生意？

据广州市常务副市长陈如桂前段时间透露，广州全市大概有道路泊位3.5万个，每年向市区两级财政上缴"经营权有偿使用费"和"临时占道费"共2 800万元。如果结合近七成停车场无证经营，以及部分黑停车场随意乱涨价等背景来看，广州每年停车收费仅上缴2 800万元给财政显然是很低的。

而即便在村道和城中村设立的停车位不需要交"经营权有偿使用费"和"临时占道费"，至少经营停车场的行为总还是要纳入规范管理的吧，不是任谁都可以随便占地经营的——敢问这样的经营行为，又是否在政府部门的有效管理之下呢？

目前来看，广州对于停车场的管理存在太多的真空地带，政府部门既无法在资质上对停车场进行审核把关，不能防止部分人非法占用公共资源来牟利；也无法遏制停车场随意涨价的冲动，政府虽然制定了收费标准，却又对部分停车场胡乱涨价行为缺乏有效约束。即：本该归于市场调节的停车费定价部分，政府"捞过界"；而本该归于政府管理的规范停车场经营行为部分，政府不作为。结果就是，停车费大幅上涨的恶果、停车场混乱经营的恶果，都由市民来承受了。

　　停车费上涨及停车场乱象等问题讨论至今，我们需要追问的是：原计划于去年年底推出的《广州市停车场管理办法》何时才能出台？停车场的办证流程及主管部门何时才能理顺？毕竟，若因政府管理不善导致停车场不能顺利办证，成为"黑停车场"，这个板子首先应该打在政府身上。

（原载 2015 年 1 月 5 日《新快报》）

▶ 公共停车场建设亟须政府部门动真格的

　　广州市消费者委员会日前公布了"广州市民停车消费现状调查"，调查结果中的大部分结论并不出人意料，诸如，超八成车主认为路边停车（咪表）收费标准偏高，超六成车主认为停车费标准不规范，超九成的车主认为提高停车费未能缓解交通拥堵等，基本符合多数市民的生活感受。

　　那么，消委会通过实地调查佐证并呈现市民对于停车费评价的目的是什么呢？据称，调查报告的初衷是希望"为相关部门进一步规范行业标准，提高车辆停放的规划水平及管理、服务能力提供科学参考"，但显然，达到这个目的的一个重要前提是相关部门认同这份调查，并愿意参考其结果调整相关政策，哪怕调查结论中有部分不符合其部门利益。

　　遗憾的是，目前公众并不清楚，这份调查是否具备了这个前提，抑或只是用来一浇胸中块垒而已。譬如，调查中询问可采取哪些措施缓解停车难问题，受访车主提出的意见、建议中占比最高的分别是"进一步合理、科学规划停车场建设"和"加大停车设施资金投入，增加车位"，分别占总数的67.6% 和 60.5%；而"提高停车收费标准"的中选率最低，仅有 2.9%。

　　新建停车场、增加停车位的重要性毋庸讳言，但如何落实，却是个难题。有报道显示，在过去近 10 年的时间里，广州基本没有财政投资建设公共停车场，截至 2013 年 11 月，广州市在册登记的 64.5 万个停车泊位中，仅有 1/4 属于公共类停车位、路内停车位，以及医院、学校、景点等公共设施类停车场提供的停车位，其余都是住宅类和商业类停车位。

　　停车位缺口巨大，背后的主要原因就是政府的行政之手一方面干预了非公共类停车场的收费价格，导致停车场建设及运营的市场化程度远不够充分，压抑了社会资本投入的热情；另一方面，政府自身又没有以长远的战略眼光来考虑公共停车场的建设问题，只是一味靠挖掘道路资源来增加路边停车位，饮鸩止渴地解决短期停车问题，却不料既加剧了道路拥堵，又让中心城区停车场建设问题在延宕十年后几无纠错空间。

笔者查询到 2013 年底《广州日报》的一篇报道《广州或安排专项资金用于建设公共停车场》，文章称，以前财政没有安排专项的资金用作停车场建设，现在市财政局认同对公共设施和场所的停车场应设专项资金，但这笔资金打算投入多少，目前还没有总体数据。那么，时隔一年半之后，市财政、交委等方面能否回应一下，这件事后续进展如何？2014 年、2015 年广州公共财政到底有多少资金投入了公共停车场建设？还有之前舆论一直在苦苦追问的，广州路边咪表、内街内巷的停车收费中，又有多少真正用于公共停车场建设？

必须指出的是，长期以来，政府部门过于依赖使用价格杠杆干预停车场收费，一味要求新建住宅区提高停车位配置标准，却忽略了自身对公共停车场的建设责任。在当前停车难问题越来越严峻的当下，政府部门应多做一些基础性的、建设性的工作，真正投入资金去做公共停车场的建设，完善城市交通配套设施，同时考虑出台一些优惠政策，刺激社会资本对停车场的投入，让公众真正看到政府在建设停车场方面的规划和努力。

（原载 2015 年 7 月 17 日《新快报》）

▶ 住宅停车费 "一放就乱"， 应寻求法治解决之道

据广州市停车场行业协会方面透露，广州住宅停车费价格或在两个月内放开，但这一消息尚未得到市发改委的确认。事实上，自今年初国家发改委发文要求放开住宅停车费价格以来，上海、长沙、兰州等多个城市已经落实，广州的政策何时落地，想必只是时间早晚而已。

而住宅停车费价格放开之后的停车费大幅涨价甚至翻倍等问题，已经在部分城市出现，并引发广州车主的担忧。如何避免出现类似的问题，就成了摆在广州市相关部门面前的一道难题。

应当承认的是，权力之手放开对住宅停车费价格的直接管控是正确的，它有利于发挥市场对资源配置的决定性作用，也可视为对过往行为的一种纠偏。毕竟，如果政府对市场经济各个环节管控过多，既给权力带来太多难以承担的责任，也容易产生寻租机会。

但是，放开价格不等于放松管理，面对放开住宅停车费价格后，可能一下子出现的物管公司乱涨停车费、开发商抬高车位售价等乱象，政府部门也要有心理准备和应对措施，避免一放就乱。

其实长期以来，广州的部分住宅停车费价格早已超出政府限价，实行了市场价。据广州市停车场行业协会的调查数据，广州中心城区149家住宅停车场中，仅有4家控制在政府最高指导价范围内，超过97%的停车场收费高于政府最高限价，特别是其中的私人产权车位月租，早已实行市场价。

这一现象的存在事实上已经架空了政府对住宅停车的限价措施，那么价格放开后，这部分小区应当不必过于担心住宅停车费会大幅上涨，但对于中心城区之外的住宅停车费价格上涨空间和影响范围，政府部门应有所评估，并思考如何完善相应的监管措施。

至于有舆论提议，未建立业委会的小区，或是业委会没有议价能力（没能力召开代表大会定价）的小区停车费应继续执行政府限价，笔者并不赞同。

一方面，业委会的有无及其议价能力的大小，不应该成为住宅停车费放开的前提，这是两码事，没必要捆绑在一起。况且，现有的《物业管理办法》已经明确要求，属于公共产权车位，停车费要经过"双过半"（人数过半、面积过半）才能调整，那么如果物管公司违规乱涨停车费，小区业主可以在法律框架内寻求解决之道，而非一味依赖政府之手强行调控，否则既违反发改委的规定，也不利于小区自治能力的提升。要知道，政府调控之手从来都是把双刃剑，咪表停车位的价格调控不就是很好的前车之鉴吗？

另一方面，住宅停车费的放开对于促进、推动小区业委会的诞生，提升其议价能力，未尝不是一件好事。目前广州共有8000多个小区，仅20%的小区建立了业主委员会。如果因为住宅停车费的放开而推动了业委会的成长，这对于住宅停车费的价格制定、账目透明，乃至以后社区自治的发展都是有好处的。

归根结底，公众只要认同住宅停车费的价格放开这个大方向是正确的，就能够相对淡定地面对价格放开后短期内可能出现的各种乱象，进而积极寻求法治解决之道，而不会因为一时的困难，就想着退回到政府直接定价的老路上去。

（原载2015年7月27日《新快报》）

▶ 从住宅停车费博弈开始， 推进社区自治

广州的住宅停车费放开、实行市场调节价管理已经有半个月的时间了，正如之前普遍预料的那样，多个小区出现了停车费大幅上涨的情况，其中有的小区属于没有业委会、物管公司单方面下发通知；有的则属于业委会与物管公司签订的续约合同中"暗藏"停车涨价条款等情形。

面对这样一波早已预见的涨价浪潮，公众尚未看到相关的政府部门有任何表态或动作，这是非常令人遗憾的，毕竟放开价格不意味着撒手不管，政府部门如何从之前"一刀切"地规定价格变为有效、可控地监管，应该有清晰的思路和充分的准备才是。

更何况，广东省发改委、省住建厅在当初发布《关于放开住宅小区、商业配套、露天停车场停车保管服务收费等有关问题的通知》时，也已对各相关政府部门的职责进行了明确，要求"价格主管部门要畅通价格投诉热线，加强对辖区内机动车停放保管服务收费价格巡查和监督检查，防止市场主体滥用定价权，严肃查处各种价格违法行为，维护价格水平和价格秩序稳定"。

那么，放开住宅停车费价格这半个月来，有多少涨价属于价格违法行为，价格主管部门收到多少投诉、相应地又是如何处置的，就非常关键。这既是检验上述《通知》效力如何的试金石，也能让公众从中一窥政府部门是否有明确且有效的监管途径。否则，在当前多个小区的业主因为停车费上涨而群情激愤的情况下，相关政府部门若仍未能准确定位自己的监管角色，住宅停车收费"一放就乱"的局面势必不可避免，甚至愈演愈烈。

媒体报道称，有业主将所在小区停车费上涨一事投诉至发改委、国土和价格监管等部门，目前尚未得到答复。对此，我们关注政府部门的回复，也期待政府部门以此作为厘清自身监管职责的一个契机。

当然，政府部门的监管、协调只是解决住宅停车费上涨纠纷的途径之一，另一条途径就是业主与物业等相关各方在法律框架内寻求解决之道。到底住宅停车费涨价程序是否合理，"暗藏"条款的合同是否有效，相关各方都可以法庭见，求一个有法律效力的说法。

而无论上述哪一种途径，社区自治、提升业主的博弈能力都是一个绕不

开的前提。只有关心自身权益的业主真正觉醒、发声，推动建立起有效运作的业委会与物业博弈，捍卫自身权益，才能在停车费上涨一事中获得话语权，也才能在未来进一步监督停车收益、物管收支等小区事务中发挥更大的作用。

从这个角度来看，当下小区停车费上涨或是躲不过的阵痛期，对各个不同小区的业主来说，抗争的强度与策略不仅仅涉及这一次停车费上涨中自身的权益问题，更关涉到未来小区事务中的权益保障问题。

如果说此次是以停车费博弈来倒逼社区自治的话，这个倒逼过程无疑是痛苦的，但它又确是更好的社区生态所必需的。以此为开端，捍卫我们的生活，终究好过倒退回政府定价的老路上去。业主权利从来都不是被赐予的，也不是靠政府限价这样的外力能保证的，它需要业主自己去激活，去捍卫，在参与社区公共事务的实践中提高博弈能力。

（原载 2015 年 9 月 1 日《新快报》）

▶ **遏制停车费乱涨价， 仅靠 "告诫" 还不够**

日前，广州市发改委首次对住宅停车费放开限价后出现的多个小区停车涨价现象作出回应，称自 8 月 16 日至今，已经对多个居民住宅小区停车场收费情况进行了巡检，特别是对社会反响较大的天河、海珠金田百佳小区、富基广场小区、富景花园小区等停车场进行了检查，对计划 9 月份涨价的小区停车场经营者进行告诫。而包括上述小区在内的一些小区在被告诫后已经进行了价格调整。

在住宅停车费"一窝蜂"涨价、引发小区业主强烈反弹的 20 多天后，终于等来了官方表态，且官方行为在一定程度上遏制了乱涨价的势头，这当然是值得肯定的。但是，平静表象的背后仍有两大问题值得进一步追问：其一，经"告诫"而降下来的停车费，能维持多久？其二，在"告诫"之外，政府部门对住宅停车费的监管权责该如何体现？

先说这暂时被遏制了上涨势头的停车费，目前有的小区在被告诫后直接将停车费恢复到了原来的价格，有的小区则暂停调价，但是，这样的情况是否能够长期维持，恐怕没有哪个业主敢打包票。

　　说到底，在政府干预之外，小区业主的自治和维权能力还是要在沟通中提升和发展，比如，业主们要先搞清楚小区停车场的产权是否属于占用公共用地停车场，再要求"双过半"的调价前提，而非意气用事，一味反对；又比如，对于业委会与物管公司签订的续约合同中"暗藏"停车涨价条款的情况，尝试走法律程序，厘清这些条款是否合法合理。

　　总之，小区业主协商、维权、自治的能力，一定是需要慢慢提升，才能够应对小区内各种事关业主权益的事务，单方面依靠政府部门"告诫"并不能解决全部问题。

　　而这相应地就引出另一个需要讨论的问题，即在"告诫"之外，政府部门对住宅停车费的监管权责该如何体现？

　　广州市发改委称，省里的"通知"下发后，市发改委立即与市交委、住建委和停车场经营协会等有关方面沟通衔接，研究制定实施意见。目前，征求意见稿正在修改完善当中，拟按有关规定程序公开征求社会公众意见。

　　也就是说，此次的检查和"告诫"，只是市发改委的一次"应激"举动，是在住宅停车费涨价纠纷大规模上演之后的紧急处置行为，政府部门具体该如何适应新的监管角色，监管权限如何厘清，政府部门尚没有成文规定，还需要征求社会意见、逐步完善。

　　监管的滞后性至此显露无遗。敢问：国家发改委今年1月初就下发通知，明确将放开住宅小区停车服务收费，并要求各级价格主管部门依法加强监管；省发改委、住建厅也于8月中旬下发相关通知，那么在长达8个多月的时间里，相关部门为何没有征求社会意见，以厘清自身的监管权限呢？面对放开限价后必然会出现的涨价潮，政府部门难道不应该未雨绸缪吗？

　　事实上，政令能否做到无缝衔接，很多时候取决于这背后有没有"利"：如果是出台对政府部门有利可图的措施，比如，增加某个审批环节，将某个官方背景的产品推向市场时，政府部门往往会非常有动力去整顿市场，做好铺垫；而如果是推出简政放权措施、不能给政府部门带来直接好处的时候，政府部门就缺少动力去做好后续的监管和服务，做甩手掌柜。两相对比之下的执政表现，值得政府部门反思。

（原载 2015 年 9 月 8 日《新快报》）

▷ **咪表腐败已被查， 内街内巷停车乱象何时破？**

据报道，有记者在走访越秀、天河、海珠、荔湾等中心城区数十个内街内巷停车场后发现，尽管交通部门对停车位做了编码，但二维码形同虚设，收费超标、P牌未立、私划车位等现象仍然广泛存在。

内街内巷停车收费乱象频出当然不是最近才暴露出来的，媒体之前也有做过类似报道，只是相关的质疑与追问要么无疾而终，要么被引起更大民意反弹的咪表涨价抢了风头，以至于至今未能得到很好的解决。

眼下，咪表腐败窝案终于进入检察机关查办环节，想来对于内街内巷的停车乱象问题及其背后可能掩藏的腐败的查处应该也不远了吧！

之所以敢于判断内街内巷停车乱象背后同样可能潜藏腐败，主要原因不外于：其一，和咪表停车一样，内街内巷设立停车位也需要向交警、交委、市政、物价等部门申报核准；而咪表腐败窝案表明，由于行政部门往往没有事前对停车位的数量、位置、大小等进行明确的规划，极易导致经营者为争取多设立停车位、减少占道费而行贿相关审批人员。

结合前段时间媒体报道大量私设停车位被清理，以及日前记者走访调查的情况来看，内街内巷停车位在经营中私设车位情况是明目张胆地存在着的，那么这背后如果牵扯到腐败，也并不出奇。

其二，自2010年广州市物价局一纸通知将内街内巷停车场的经营权划给街道办或社区服务中心后，五年来停车收入的去向从未公开。而据统计，目前内街内巷车位实际有3.2万个，其中约一半是村道路或集体道路，不属于市、区政府管理，剩下的占用市政道路的内街内巷车位约有1.6万个。

那么，哪怕只有1.6万个内街内巷停车位向财政缴交占道费，五年时间算下来也是一笔不小的数目，这笔钱去了哪里，用在何处？停车乱象整治了这么久，为什么没听说要算算这笔账呢？难道又是一笔糊涂账？

其三，市交委表示，车主在内街内巷如果碰到违法收费问题，可以拨打投诉电话，执法人员一定会到场处理。可公众惊诧地发现，投诉电话竟也可能成为权力寻租的工具！在咪表腐败窝案中，分管96900热线投诉的交委工作人员，由于收受咪表公司的行贿，在接到投诉后，竟转给咪表公司自行处理，而不会转到其他监管部门或让新闻曝光。

那么，类似的情况在内街内巷停车投诉中有没有出现？尤其让人不解的是，中心城区很多内街内巷车位根本没有执行过 4 元/小时的政府限价，有些收费甚至高达 10 元/小时，这种明目张胆的违规现象不需投诉也不难了解到，为何没有被处理？相关部门究竟有没有足够的执法力量来应对停车收费中此起彼伏的违规现象呢？

从咪表腐败窝案到内街内巷的停车乱象，缺乏有效监督的道路停车管理体系中暗藏着太多触目惊心的腐败。检察机关认为，应尽早出台新的《广州市停车场管理办法》，明确责任，简化审批流程，降低企业通过行贿获得审批发生的机率，减少职务犯罪的发生。这从规范权力运作的角度来说，无疑是很有必要的，但我想，比权力自我约束更重要的，是完善外部监督机制，让公众监督、人大监督真正发挥作用，不要等到"病入膏肓"了才来治理。

（原载 2015 年 9 月 23 日《新快报》）

▶ 政府对小区业委会的态度才是停车费博弈中的关键

广州多个小区因停车费上涨而展开的博弈已进入白热化阶段，市发改委领导日前接访时竟需要为此开辟"专场"，专门听取业主对于开发商和物业公司单方面上涨停车费的投诉。但从接访答复情况来看，发改委本身能做的也很有限，毕竟停车费上涨纠纷牵扯到的部门不仅仅是发改委一家，业主们要想维权，还要和房管、交委乃至公安等多个部门交涉才行。

小区停车费自今年 8 月放开后即呈现这种"一放就乱"的局面，其实并不算出乎意料，正如富基广场的业主代表称，"我们小区目前没有业委会，没有任何筹码与开发商和物管方议价、谈判"，可谓一语道破了目前停车费涨价博弈困局背后的深层次原因。

据统计，目前广州共有 8 000 多个小区，仅 20% 的小区建立了业主委员会，甚至低于全国 30% 的平均水平。在这样的大背景下，让业主去和物管、开放商谈判停车费涨价事宜，无异于与虎谋皮。

也就是说，虽然从法律法规及现实情境来看，停车费博弈主要应该是各个小区业主和物管方面的事情，政府直接干预各小区事务的话，既会疲于应付，很多时候也非最合适的调停人，干预行为的有效性能持续多久也是问题；但如果因此就完全撇清政府在停车费博弈中的责任，则有些"装外宾"了。

我们必须要追问：为什么广州成立了业委会的小区比例会这么低？除了之前业主权利意识不彰等因素，政府在其间有没有责任？

在网络上只要随便搜索一下有关广州小区成立业委会的新闻，映入眼帘的都是诸如"广州一小区业主委员会罢免物业管理引发流血冲突""广州某小区成立业委会筹备组 最高票当选女业主遭袭""广州一小区业委会换届延时1年未办 称街道办过度干预"等令人触目惊心的新闻，遗憾的是，其间很少看到政府部门出面为业委会"撑腰"。

我们知道，业委会的成立需要业主、开发商和政府部门的共同合作，其中小区所在地的房地产行政主管部门和街道办事处负有指导责任，而在广州，政府部门的管理、指导、监督责任没有完全落实到位，是导致小区业委会成立缓慢的重要原因之一，这一点，广州市国土房管局的官员曾公开承认过。相比之下，上海则因为很好地落实了属地管理原则，业委会成立比例高居全国榜首，达到80%。

那么，现在因为小区停车费的放开，无形间为倒逼小区业委会的成立提供了一个难得的机会，很多业主已经意识到，如果现在不成立业委会争取停车费上的话语权，未来在物业费、维修费等一系列事关自身权益的小区事务上，都将丧失话语权，仰人鼻息。业主的权利终究要靠自己站出来发声才能争取到，一味乞求政府干预，不能从根本上保证自己的长期利益。

更何况，政府部门不但在推动业委会成立一事上鲜有作为，在应对小区停车费上涨乱象方面，也缺乏未雨绸缪的充分准备。譬如，针对业主们投诉车位产权公示不规范一事，广州市发改委官员称，广州未来将出台实施细则，硬性规定开发商和物管方公示产权的流程，将其作为调价前的环节之一。而这些工作，难道不应该在停车费放开之前就有所准备吗？

归根结底，既然业委会的有无、能力大小才是影响停车费涨价一事的关键所在，各小区业主不妨就成立业委会中遇到的困难争取政府部门的支持，要求相关政府部门制定详尽的措施和时间表，指导各小区尽快成立业委会，推动小区自治，从根本上解决小区事务被物管、开发商把持等问题。

（原载2015年10月26日《新快报》）

▶ 业主发决议书清退物管公司一事的几大看点

据《新快报》报道，广州市越秀区金宝怡庭小区业主因与物管公司无法就停车费上涨等事达成共识、不满物管服务水平，决定发起《清退广州市金盛物业管理有限公司的决议》，征集签名，清退现任物管公司。目前已征集到过百份签名，进展比较顺利。

对于业主征集签名、清退物管公司一事，笔者认为，其至少在推动业主自治、加强代表委员与公众联系、进一步厘清政府在指导业委会成立事务中的责任等几个方面有着标杆意义，极具看点：

第一，如果进展顺利的话，金宝怡庭小区将成为省发改委发文放开小区停车价格以来，广州首个成功行使小区业主自治权、清退物管公司的小区。

众所周知，自今年8月中旬省发改委发文放开住宅停车费、实行市场调节价管理以来，广州多个小区出现停车费上涨情况，不少小区业主和物业公司为此展开的博弈非常激烈，以至于前段时间广州市发改委还要设置"专场"处理业主投诉。

但显而易见，向政府申诉、依靠行政之手干预有其局限性，尤其是停车费上涨涉及的政府部门非常多，没有哪个政府部门能够大包大揽地解决，归根结底，还是要靠业主们自己联合起来，组成业委会主动争取自身权利，走上艰难的业主自治道路。从这个意义上来说，我们乐见金宝怡庭小区业主谋求自治的过程顺利，在法治的框架下解决好这个问题，为后来者积累经验教训，树立标杆。

第二，省政府参事王则楚、省政协常委孟浩、知名律师赵绍华等人相约参与了调研，并为广大业主出谋划策。王则楚告诉广大业主，即便是开发商专有产权车位，由于其管理费涉及补贴共有产权车位管理费，所以价格浮动也必须征求业主同意。

热心公共事务的知名代表和委员介入、指导小区业主维权，这是一个值得关注的现象，它同时也反衬出部分现职人大代表在联系选民、业主，为他们发声方面，似乎做得还很不够。毕竟，业主的诉求如果能有代表、委员代为向政府部门表达，让代表、委员真正在政府和民众间搭建起有效沟通的桥梁，势必有助于问题的解决。遗憾的是，在广州近些年的公共事务中，热心参与的总是那几张熟悉的面孔，如果能激发更多代表、委员履行职能，或许会让日趋白热化的停车费涨价博弈找到新的解决路径。

第三，政府在调停小区业主与物管之间纷争的时候，究竟能发挥，或者说愿意发挥多大的作用？广州8 000多个小区中仅有20%成立了业主委员会，低于全国30%的平均水平，这与之前政府部门在小区业委会成立过程中没有完全尽到指导、监督、管理等责任有很大关系，所以小区业委会成立过程中遭遇种种打压的新闻不时见诸报端。

那么，面对现在这股由停车费涨价博弈倒逼出来的小区业委会成立热潮，政府部门究竟愿意在多大程度上推动、指导业委会的成立，正是检验其履行职责有几分诚意的时候。

（原载2015年11月18日《新快报》）

▶ 停车费涨价纠纷四起，亟须出台实施细则

自8月中旬省发改委发文放开住宅停车费、实行市场调节价管理以来，广州多个小区因停车费上涨而引发的各种纠纷令人目不暇接，物业方强势涨价，业主们群情涌动，个别小区的纠纷甚至已有暴力升级的迹象。

据《新快报》报道，富力地产公司旗下在广州市的数个楼盘，包括天河区天禧花园、荔湾区唐宁等，近期因取消月保、上涨临停费而引发近百名业主抗议，其间竟有业主被泼了一身冷水，惹得群情激昂，最后迫使民警到场协调。

众多业主聚集在一起向物业方面或政府部门表达诉求，现场一旦有任何处置不当，就可能引发群体性事件，这样的维稳压力想必政府部门心知肚明，如坐针毡。虽然业主们的抗议很多时候不是直接针对政府部门，但一想到全广州有停车涨价纠纷的小区那么多，个个都像火药桶一般，政府部门如何介入并有效缓和局势，实在是亟须应对之策。

遗憾的是，官方除了在放开停车费的半个多月后公开表态巡检并告诫了部分拟涨价的小区停车场外，至今并没有详细通报目前广州出现停车费涨价

纠纷的小区分布情况及相应应对策略，可以说，官方在此类事件中的介入是相对低调的、浅层次的，进而效果也是极为有限的。否则，该如何解释9月初才"告诫"完一批小区停车场经营者，如今还是有多个楼盘为停车费涨价闹得不可开交？

事实上，根据省发改委、省住建厅发布的《关于放开住宅小区、商业配套、露天停车场停车保管服务收费等有关问题的通知》，"价格主管部门要畅通价格投诉热线，加强对辖区内机动车停放保管服务收费价格巡查和监督检查，防止市场主体滥用定价权，严肃查处各种价格违法行为，维护价格水平和价格秩序稳定"。

这其中，明确了政府部门"维护价格水平和价格秩序稳定"的责任，那么这一点，不知广州市相关各部门是如何落实的？之前市发改委曾表态称，相关实施意见正在修改完善当中，会按规定程序公开征求社会公众意见，现如今，距国家发改委下发通知已近一年，距省里下发通知也近四个月了，相应的征求意见稿为何还没出台？政府部门究竟还能不能明确自己在停车费事件中的监管责任？

回到富力地产旗下多个小区上涨停车费这一事件本身，其中天禧花园物业管理公司天力物业单方面宣布取消所有月保资格，并大幅提高临保费用，引发业主不满。事情的关键在于小区车位产权的确认，究竟地下车库的车位产权是否都属于开发商？有业主指出，地下停车库可能含人防工程，目前连大确权都没有，未来小确权（即产权到每一户购买者）的风险更大，物业与业主签订的车位买卖协议可能无法得到法律保护。还有，小区内的露天车位产权应归业主共有，这部分车位的停车费要经过"双过半"（人数过半、面积过半）才能调整。

也就是说，双方要先明确小区车位的产权问题，然后再来讨论车位临保、月保价格及出售问题。而提供产权证明的责任应当在物业一方，先公示产权再调价，这一点，早前广州市发改委已表态要将其作为硬性规定写入细则，但至今细则未出台，在此唯有再次呼吁政府部门积极作为，尽快出台细则，厘清各方在停车费调价事件中的责任与义务。

（原载2015年12月11日《新快报》）

▶ 住宅停车涨价 "后遗症" 多， 实施细则出台应有时间表

　　终于有政协委员将住宅小区停车费乱涨价问题带到了省"两会"会场。据报道，九三学社社员、广东省政协委员徐晓霞在省政协网提交了《关于完善小区住宅停车场价格调整机制的提案》，建议尽快出台实施细则，目前该提案已经得到 7 位省政协委员的联名支持。

　　小区停车费自去年 8 月实行市场调节价以来，物业、开发商与业主之间围绕涨价而产生的纠纷日趋增多，甚至出现暴力事件，这其中很大一部分原因就在于小区停车费涨价程序的不公正；而不公正的涨价最终又能得逞，背后的深层次原因则在于业主自治组织的弱势，要知道，广州约 80% 的小区是没有成立业主委员会的。

　　现在，政协委员们提出"尽快完善小区停车场调价机制、出台实施细则"，可以说是抓住了问题的要害，比如徐晓霞委员在提案中建议，"尽快出台省一级的补充实施细则；地市级发改部门依照省的规定，依本地市情况出台本地市实施细则"。

　　笔者认为，委员们可以更进一步，要求省市相关单位给出住宅停车价格调整实施细则的出台时间表，明确政府部门的责任，方便公众监督，否则，只含糊催促其"尽快出台"，怕是又不知拖到猴年马月了。

　　事实上，国家发改委 2015 年初即下发通知，要求放开小区停车费价格；8 个月后，省发改委在下发通知、落实文件精神时，却没能制定出配套的实施细则，这本身就存在问题，也为后续物业和业主间的矛盾埋下了伏笔。如今，距离广东省放开小区停车费价格也有 5 个多月了，相关实施细则还不见踪影，相关部门实在难辞其咎。

　　省政协委员王健平认为，"停车场收费放开文件出台后产生的问题，折射出政府在部分事务简政放权后，对政策配套考虑得不周全。"窃以为，这还不仅仅是考虑周不周全的问题，更深层次地，这反映出政府部门在面对管理难度迅速加大、而管理收益急剧减少的社会事务时束手无策的现状。

　　也就是说，当过去"一刀切"的限价措施取消后，面对一下子涌现出的

小区停车费乱涨价潮，政府部门缺乏准备，应对不力。比如，有媒体报道称，金宝怡庭小区的业主把停车费问题先后投诉至市发改委、街道办和派出所要求协调处理，上述单位也先后三次参与并出具了协调意见，但开发商仍一意孤行强行涨价，上述单位也无可奈何。

政府部门协调处理后却也只落得"无可奈何"的局面，这实在让人难以接受，笔者倒不是呼吁政府强力干预、勒令开发商不得涨价，也认同业主应寻求法律途径解决此事，笔者只是想知道：在放开小区停车费后，政府部门的权责具体是怎样的？当初省发改委下文时，要求"价格主管部门要……防止市场主体滥用定价权，严肃查处各种价格违法行为"，这在实践中该如何体现？

诸如小区停车费这样的社会事务出现政府"一放就乱"的现象，其实反映政府之前在培植社会组织、鼓励公民自治方面做得很不够，徐晓霞委员在上述有关小区停车费调价机制的提案中建议"继续发挥镇级人民政府、街道办、派出所协助小区业主成立业主自治机构的作用，切实落实协助不力的问责机制"，是很有针对性的，但如何问责协助不力者，恐怕又是个问题。

（原载 2016 年 1 月 27 日《新快报》）

▶ 咪表涨价一年半，增收多少说不清？

据《新快报》报道，在广州市"两会"问政活动中，市政协常委曹志伟向市交委提出，应公开路边咪表经营成本及收费去向，供市民监督；市交委则回应称，对于咪表调价后的增收部分"应收尽收"、都归于财政，但由于咪表公司的经营收益一直没有定，要等政府的评估结果出来之后才能制定新的标准来增缴。

自 2014 年 8 月至今，咪表停车收费涨价已达一年半之久，增收多少竟还没有评估出来？为什么要涨价的时候就雷厉风行，从提出到听证到出台四五个月即搞定，而评估收益就这么拖拖拉拉的？市交委为何对咪表公司如此仁慈，耐得住性子不去催收涨价收益呢？这增收部分进不了财政、无法"取之于民、用之于民"，又算不算"国有资产流失"呢？

据称，市交委在通过公开招标聘请第三方机构进行评估时多次失败，表示希望全国有资质的资产评估机构都能参与投标。将评估进行不下去的原因归咎于招标失败？这理由真够奇葩的。笔者曾参与过两次"失败的"政府部门招标，一次因为竞标人数不够，一次因为其他竞标者在文书格式上存在瑕疵。亲历后才明白，让招标"失败"实在太容易了，这里且不详述。现在问题的关键是，如果招标不成，咪表公司涨价后的收益就不评估了吗？难道就没有其他办法予以解决？

其实，市交委与咪表公司之间的暧昧关系在之前舆论追问咪表收入去向时已经表现得非常明显，交委一度又是担心车位裁撤导致咪表公司收益减少，又是声称增收去向属于"商业秘密"，恐怕难以透明化，双方亲密得简直"穿一条裤子"。如今曹委员将咪表收益去向问题带到市"两会"，究竟能否推动问题的解决，且拭目以待。

说起来，笔者最欣赏那些参政议政时"用数字说话"的代表委员。比如，曹志伟委员就算了这样一笔账：目前广州市中心城区共设有咪表停车路段206条，咪表停车泊位6 416个，这些车位总长度加起来长达40公里，而广州去年新增道路长度才49公里，并且大多在非中心城区。

咪表车位占用道路资源、影响交通的现状换算成上述数据后，无疑更为直观，也更容易促动市民去思考：这些占用公共道路圈地收钱、低成本且暴利的咪表公司，到底给我们带来了什么？当初以治堵为名力推的涨价逻辑是不是应该破产了？

而曹委员通过上述数字对比揭示的另一个问题就是，政府在改善交通方面，增量工作做得很不够（比如，近10年基本没有财政投资建设公共停车场），而且过分依赖增加路边停车位这一饮鸩止渴的办法。但吊诡的是，广州路内停车位已蹿升至3.5万个之多，每年上缴财政的停车经营收入却少得可怜。

早前媒体已报道，两家咪表公司每年上缴市区两级财政不过2 800万元左右；2008年停车费上涨后，广州二三类地区咪表泊位的道路经营权有偿使用费却从2011年11月起下降；到了2012年，两家咪表公司还出现合计70条路段没有缴费记录、缴费车位数远少于实际经营数等现象；而除咪表车位之外，广州2.9万个内街内巷停车位的历年经营收入总额和去向一直不明……种种乱象显示广州路边停车收费背后可能存在着极为复杂的利益链条，只是，这些问题，何时才能揭盅？

（原载2016年2月2日《新快报》）

▶ 从物管纠纷再看小区业委会行使权力之难

据《羊城晚报》报道，海珠区新港东路水蓝郡小区疑因物业管理公司交接问题引发纠纷，4 月 1 日晚，有两名业主在家中被四十余名不明身份人员打伤，民警到场时打人者已逃离现场。目前，海珠区警方已经立案侦查，并敦促肇事者尽快投案自首。

物管与小区业主的纠纷越来越有暴力升级的迹象，甚至从一般民事纠纷向刑事案件发展，这实在让人忧心忡忡，对此，警方的调查处置结果能否及时地维护正义、安抚人心，无疑是非常重要的。遗憾的是，我们在媒体上看到很多业主被打的新闻，往往都没了下文，打人者没有及时受到法律制裁，类似的行为就有被纵容的危险。

具体来看，水蓝郡小区的物管纠纷并不复杂，主要是物管公司希望将管理费从 1.95 元提至 2.95 元每平方米，涨价不成后威胁退出，却又反悔，质疑业主委员会的合法资质，不肯进行交接。

在此事件中，有几个问题值得留意和进一步探讨。一是政府部门之间的意见"打架"，不利于公正介入和裁决物管与业主之间的纠纷。比如，对于物管方一再质疑的业委会是否有资质接管小区的配套设施，尤其是电梯等特种设备，琶洲街城管科方面认为按《广州市物业管理暂行办法》第八十条，物管退出时应向业委会移交，"是很明确的"；而海珠区国土房管局方面却称无法判断，"要业主和物管协商好"。政府部门之间的意见"打架"，是否反过来说明相关规章条款仍有待细化、完善之处？抑或需要请上一级部门对规章条款做出进一步的解释、定调？否则，各部门按照自己的理解来处理物管纠纷，很可能导致更多的矛盾。

二是业委会的法律地位不明问题。据统计，广州约 80% 的小区是没有成立业主委员会的，即便成立了业委会，在行使权力的过程中也会面临诸多困难。这其中尤为关键的是，业委会并不具备法人特征，而没有法人资格的业委会如果起诉开发商，手续很麻烦，往往达到起诉条件就需要好几年的时间。

有媒体曾报道，去年 10 月，全国首例由具备独立法人资格的业委会起诉开发商的案件在温州鹿城法院开庭，这与 2012 年民政部到温州考察时提出探索对业主大会进行创新管理有关，进而有了 2013 年全国首家具有法人资格的业主委员会在温州获批一事。不过，获法人资格的业委会即使在温州也只有个别几家，并未全面铺开，广州的情况如何，笔者尚未找到公开的资料予以查实，但从业委会维权之难，也不难猜见情况绝非乐观。而小区业委会法人资格一旦获批，相应的好处是显而易见的，特别是"有独立法人资格和开发商或物管公司对簿公堂"这一点，就足以在法治层面为业主们提供一条可依赖的解决之道。

三是对物管公司的监督、制裁缺乏相应法规。据了解，除 2003 年实施的国务院《物业管理条例》外，现行的各项法规政策难以有效约束物管公司，对于那些有问题的物管公司，缺乏相应的停业机制、公示制度、保证金制度等帮助业主有效维权。因此，也就不难理解为什么水蓝郡小区的物管面对警方调查时可以声称"监控已坏，无法查看"，为什么会出现几十名壮汉跑到业主家中打人而物管无动于衷的极端现象了。

应该看到的是，随着小区业主权利意识的提升，物业和业主之间的矛盾纠纷可能呈现急剧上升趋势，为了避免矛盾的爆发和难以调解，相应法规条款的完善和解释，业委会成立及其法人资格的确立等问题，都有必要加快推进。

（原载 2016 年 4 月 6 日《新快报》）

▶ 应尽快在法律层面明确业委会诉讼主体资格问题

据《新快报》报道，备受关注的广州金宝怡庭小区停车纠纷一案，终于在业主递交诉状近半年之后（被告其间曾两度提出法院管辖权异议），于本月 22 日在越秀区人民法院开庭审理。这是自去年 8 月广东放开小区停车收费价格、引发多起纠纷事件以来，第一起由小区业主状告物管的案件。

有媒体预言这起案件的判决会对后续类似案件形成示范效应，对此我们不妨拭目以待。而在关注案件判决结果之外，另一个更值得关注的点，是案件的起诉主体问题。

停车费涨价纠纷关涉到小区众多业主的利益，此案中多位金宝怡庭业主到场旁听的事实足以证明纠纷并不仅仅存在于单个业主和物管之间，但这起案件起诉主体毕竟是业主个人，而非业委会，这一方面可能因为该小区本身就没有成立业委会，另一方面，即便成立了业委会，它是否具备诉讼主体资格、能否满足起诉条件，也是个问题。这样一来，业主与物管产生纠纷后，业主想依靠业委会维护自身权利，就会深感力不从心。

绝大多数业委会法律地位不明、不具备法人资格这一问题，一直是业委会走法律途径解决与物管之间纠纷的一个前置障碍。在诸多法律案件中，往往需要法院先行讨论业委会是否具备民事诉讼主体资格，再决定是否继续审理案件。而这个问题，又因理论上观点不一、审判实践上做法不同，不少法院会以业主委员会的诉讼地位无法律依据为由驳回其起诉。也就是说，物权法、《物业管理条例》中都没有明确规定业主委员会的民事主体资格这一点，始终成为影响业主与物管之间走法律途径解决纠纷的一块绊脚石。

那么，要建设和谐社会、法治社会，让业主与物管之间的矛盾通过可信赖的、权威的司法途径得以解决，一个前提就是要尽快解决业委会的诉讼主体资格问题。遗憾的是，这一问题一直没有得到足够的重视，相关的法律和司法解释迟迟没有出台。

据媒体报道，目前全国也只有先行先试的温州存在个别几家有法人资格的业委会，直到去年10月，全国第一起由具备独立法人资格的业委会起诉开发商的案件才在温州开庭审理。而广州目前约80%的小区是没有成立业委会的，即便依法成立了业委会，其能否顺利在政府部门备案，往往也面临很多未知数。

随着小区内部矛盾纠纷的日益增加，在法律层面尽快明确业委会的诉讼主体资格问题，实有必要加快推进，以达到维护业主利益、明确责任主体和方便诉讼的效果。否则，对业委会诉讼资格限制过严，将不利于小区内部矛盾纠纷的解决。

此外，从金宝怡庭小区停车纠纷案中反映出的另一个值得关注的问题是，物权法对于小区公共配套的规定比较模糊，业主的公共物权并不是非常明确，这在之前的一些小区纠纷中也有所体现，甚至导致政府部门介入调解时也会感到困惑，不同部门间给出相互"打架"的意见。因此，有必要推动相关法律法规进一步完善和细化，明确业主的公共物权，一点点细致地把小区内部的权力边界划分清楚，从源头上避免矛盾的产生。

（原载 2016 年 4 月 27 日《新快报》）

▶ 不公开经营账本的咪表整顿仍是避重就轻

据报道，广州市交委日前公布了过去一年咪表的变化：市中心六区城市道路共有咪表路段 201 条，咪表泊位 6 181 个，相比去年同一时期，咪表路段共减少 9 条，泊位累计减少 311 个。

如果上述内容就是广州市交委对过去一年咪表管理制度改革提交的全部成绩的话，恐怕是很难过得了及格关的。毕竟，首先，和咪表经营账本的公开相比，咪表路段和泊位的调整远非问题的关键，而是避重就轻；再者，泊位的减少也不能简单地视为治理有成效，因为公众并不了解这些调整背后的依据是什么，理由是否充分。如果再联想到之前咪表腐败窝案中暴露出的咪表路段及泊位划分的寻租猫腻，怎么评价这种泊位调整，还真是不好说。

公众想必还记得，去年 6 月，广州市纪委通报咪表停车贪腐窝案，19 名来自市交通、公安等有关部门和街道基层的党员干部涉案。业内人士分析，案件极有可能与 2011 年的咪表招标有关，因为在停车路段划分中，一类、二类等地区的收费标准和车流都有较大的差别，而交通系统官员掌握了路段怎么划分、"好路段"划给哪家公司的权力，此外，官员利用自身权力操纵"代理人"承包咪表停车路段，也是有可能的。

那么，一年时间过去，且不说腐败窝案的进展如何，单说这咪表路段和泊位调整的制度建设，是否完善了？能否有效堵塞上述漏洞？抑或，只是换了一批人继续寻租而已？

盘点过去一年市交委等部门对于咪表管理制度的改革，不难发现，最核心的一点——咪表经营账本的公开，尤其是在咪表停车费涨价之后，多收的停车费到底去哪了，这个问题可谓毫无进展。

在今年初广州市"两会"期间，交委答复政协委员提问时曾表示，咪表调价后的经营收益一直没有定，要等政府的评估结果出来之后才能制定新的标准来增缴，但又因为公开招标聘请第三方机构进行评估时多次失败，所以事情一直没有进展。

这听上去真是让人沮丧，在推动咪表管理制度改革方面，公众除了默默等待相关部门行动之外，似乎并没有什么更积极的办法可以推动、问责政府部门，也不知道纪检监察机关在去年通报了咪表停车贪腐窝案后，是否有继续跟进、深挖咪表经营账本背后的问题。要知道，仅从媒体调查提供的证据来看，两家咪表经营公司从神秘身世到中标过程、经营违规，都暴露出了比较严重的问题，理应继续追问。

此外，关于咪表管理制度改革，《广州市停车场管理办法》去年 5 月公开征集意见后也没有了下文，办法中规定的"所有城市道路泊位经营权必须招标出让""加大对违规划设泊位的处罚尺度"等内容也就无从落实。

总之，相关政府部门除了在咪表收费涨价一事上呈现出雷厉风行的作风以外，在其他涉及整改的事情上一以贯之地表现出了拖沓和不作为。那么，面对这种情况，公众除了发牢骚之外，还可以做什么？这真是个让人忧伤的问题。想起在香港街头经常看到议员的个人广告，上面详列出他接待本区选民的时间，选民有问题可以向议员反映，相比之下，我们有问题，可以方便地找到人大代表吗？人大代表有感受到来自选民的动力和压力去解决这些关涉民生福祉的事情吗？

（原载 2016 年 7 月 22 日《新快报》）

▶ 小区停车费涨价难题， 消委会能破解多少？

据《新快报》报道，广东省消委会日前联合广州市消委会，共同推出"关于广州住宅小区停车场收费及服务调查问卷"，主要关注 2015 年 8 月省发改委下发 483 号文后，广州市内住宅小区停车场收费发生的变化及引发的矛盾，向市民征集意见和建议。省消委会称，该调查结果将由法律人士和专家进行研究，形成报告供政府完善收费制度，缓解矛盾。

消委会关心民生，维护消费者权益，这当然值得肯定，但现实地看，或者说功利地看，政府部门出面都协调不了的小区停车涨价问题，消委会的调查又能让人燃起多少希望呢？

事实上，广州市消委会去年就做了类似的调查，并发布《广州市民停车消费现状调查报告》，提出"进一步合理、科学规划停车场建设"和"加大停车设施资金投入，增加车位"等建议。显然，这些建议放到如今来看也是适用的，但它在提出后产生了什么效果吗？可以说并没有。那没有产生效果会有相应的惩戒措施吗？也没有。这就不免让人从功利的角度怀疑这样的调查意义何在。

说起来，关于小区停车涨价一事中的民意表达问题，一个颇耐人寻味的现象是人大代表的失声。在此前广州市金宝怡庭小区业主发起决议书清退物管公司事件中，省政府参事王则楚、省政协常委孟浩、知名律师赵绍华等人曾相约参与调研，为广大业主出谋划策；此次，消委会也积极出面展开调查，但是，最应该代表民意的人大代表们在哪里呢？他们居住的小区都没有遇到类似的停车涨价纠纷吗？他们为什么不发声、不调研？

说到底，要想在小区停车费涨价事件中维护自己的权益，只能靠业主自己，而政府部门的从旁协助不应是仅仅发个没有法律效力的"告诫函"或是出面协调那么简单，相关部门及人大代表要做的，是促进相关法律法规的完善，让正常的维权行为尽快步入法治的轨道，在法治框架下解决问题。

比如说，业委会的成立问题。《新快报》调查显示，多个小区的业主在因停车费问题与开发商和物管公司进行长时间的博弈之后，决定成立业委会，但目前业委会的筹备大都陷入僵局，导致这种局面的因素主要有：热心业主受到打击报复，房产公司及物管公司拖延不交相关资料等。这些问题的处理进度及结果，其实最能检验政府部门对小区成立业委会的真实态度，毕竟，业委会一旦成立，会打破之前的权力分配格局，这种打破是否为政府部门所乐见，恐怕没那么简单。

又比如，业委会的起诉权利问题。在法律实践中，绝大多数业委会的法律地位不明、不具备法人资格，导致业委会在走法律途径解决与物管之间的纠纷时，往往被法院以"诉讼地位无法律依据"为由驳回。那么，对业委会诉讼主体的资格问题，广东能否有更明确的地方性司法解释，是可以有所作为的。

再比如，住宅停车价格调整的实施细则何时出台的问题。广东省放开小区停车费价格迄今已满一年，但配套的实施细则一直没有出台，导致落实的过程中乱象频出，政府部门实在难辞其咎，理应被问责。

应当承认，广州目前因住宅停车费用引发的问题是比较突出的，而政府相关部门一直给人束手无策的感觉，不论是发"告诫函"，还是苦口婆心地出面协调，既于事无补，也让人感觉没有抓住问题的要害。因此，公众一方面乐见消委会等部门出面为消费者维权，另一方面更期待人大等相关部门在解决住宅停车涨价纠纷问题上能积极作为，对症下药。

（原载 2016 年 8 月 24 日《新快报》）

▶ 勾连历史，
　在时空脉络里展开评论

▶ 25 年垃圾处理特许经营权交给广日集团，是笔赔本买卖

据《南方日报》报道，今年召开的第一场广州市政府常务会议，审议通过了《广日集团推进垃圾焚烧环保装备产业化实施方案》，这意味着广日集团垃圾焚烧的业务，不仅是建设和运营方面，还将包括全面推进装备产业，构建垃圾焚烧发电全产业链。

广州的垃圾焚烧业务由广日集团全包了，这倒也不是第一次听说，早在2009 年 11 月，同城媒体就报道说，广州市政府 2008 年时已经把未来 25 年的生活垃圾终端处理特许经营权交给广日集团，且给予广日集团每吨 140 元的垃圾处理补贴费，而作为回报，广日集团将帮助承担广州市政府的 18 亿元债务。

一个任期 5 年的政府竟可以拍板一笔跨度 25 年的买卖，这也算城市治理中的奇观了。抛开其合法性不谈，先在商言商地问一句：这是一笔划算的买卖吗？

业内人士为此算过一笔账，按广州全市每天产生 1.2 万吨生活垃圾算，广日集团一年仅垃圾处理补贴费就超过 6 亿元，再推算至 25 年的话，广日集团将获得总计 150 亿元的收入。150 亿元入袋，却只需拿出 18 亿元还债，不知道广州市政府是怎么算账的，为何会同意这样一笔明显不划算的买卖？

更有知情人士指出，垃圾焚烧发电厂仅靠发电收入就能实现收支平衡，因为国家不但保证垃圾发电的电量全部收购上网，每度电还补贴 0.25 元，同时免征增值税、减免所得税，也就是说，搞垃圾焚烧厂，能拿国家和市里的两份补贴，广州市给的 150 亿元垃圾处理补贴，基本就是广日集团的纯利润了。

都说垃圾是放错地方的资源，垃圾处理行业很暴利，既如此，搞特许经营为哪般？补贴又为哪般？为何不放开市场搞竞争？更有报道称，垃圾处理补贴一般在每吨 60～80 元就有盈利空间，而广州市政府竟给每吨 140 元！如此倒贴，政府有何解释？当然也必须指出的是，业内人士推算的 1.2 万吨垃圾这个数字目前是增是减，其中有多少用于焚烧发电，每吨补贴是否仍是 140

元，还希望政府部门公布详尽数据以供查询，让公众来评判这特许经营权卖得值不值。

25 年垃圾处理特许经营权或被"贱卖"，这还不算完，目前更让人忧心的是，买方广日集团在垃圾处理上可能很不靠谱：广日集团是李坑垃圾焚烧厂一期项目的业主单位，而李坑去年 8 月被爆出垃圾焚烧灰渣"留拖鞋"、垃圾车滴漏"如暴雨"等问题；去年 11 月李坑又被爆出烟囱冒黑烟、炉膛管道出故障；还有，由广日集团与瑞典 Envac 公司合资成立的广州恩华特环境技术有限公司在 2006 年时承接了金沙洲真空管道垃圾收集系统，存在着增加预算、拖延工期及设施沦为摆设等诸多问题。

可以说，从李坑到金沙洲，广日集团目前的垃圾处理问题多多，在这种情况下，政府不但对其问责力度不够，反倒通过方案，助其"构建垃圾焚烧发电全产业链"，寄希望于其"提升、带动省内环保装备及关联产业产值超千亿元"，未免过于草率和乐观了吧？广州 25 年的垃圾处理特许经营权交到这样一家企业手中，就算政府放心，民众放心吗？

更何况，媒体至今没有找到广日集团获得垃圾处理特许经营权的公开招投标资料，其接手垃圾处理业务时是否具有相应资质也一直被质疑。更有报道称，广日集团未经市政府允许，将特许经营的垃圾处理业务交给非全资子公司"广州环保投资有限公司"，违反《市政公用事业特许经营管理办法》有关规定，应终止特许经营协议。

市国资委副主任陈雄桥表示，"广日集团进军垃圾焚烧环保装备产业，一点都不神秘，作为企业来说，是值得投资的项目"。既然不神秘，那就请政府部门公开回应一下吧：这笔跨度 25 年的"赔本买卖"是怎样交给这样一家在垃圾处理上不够靠谱的企业的？

（原载 2013 年 1 月 9 日《新快报》）

▶ 破除垃圾处理垄断， 当务之急是终止广日集团 特许经营权

报载，广州市 2013 年本级财政安排城市维护建设项目的资金计划 18.872 1亿元，其中广日集团一家企业就独得垃圾处理项目日常运营维护经费 2.766 1亿元，占总数的 14.7%。与此同时，省人大代表李远峰在广州市人大会议上数度炮轰广日集团垄断广州垃圾处理，导致民企"一点垃圾都抢不到"。

都说垃圾只是放错了地方的资源，垃圾处理是暴利行业，李远峰代表的发言可以说再次佐证了这一观点：垃圾处理不是没有企业愿意做，广日集团不是广州垃圾处理的大救星，而是广州的垃圾处理体系被垄断得"滴水不漏"，多家企业想加入垃圾处理行业而不得。

李远峰举例说，清运垃圾需要环卫局发指标，而萝岗区环卫局只将指标发给事业单位环美公司，其他企业如果想要处理垃圾需花钱向环美公司购买，否则就是"非法"。这是何等荒唐的局面！一方面政府花大价钱扶持企业垄断垃圾处理，一方面民企想处理垃圾还得从垄断企业手中购买——政府为何不放开市场竞争，让国企、民企公开竞投垃圾处理经营权呢？难道民营企业待遇果真如李远峰所说"比二奶仔都要差"？

笔者前段时间撰文指出广州市政府在 2008 年时将未来 25 年垃圾处理特许经营权交给广日集团是笔赔本买卖，因为广日集团只需帮助承担政府的 18 亿元债务，而政府每年会给广日集团垃圾处理补贴费，且垃圾焚烧发电上网也有得赚。果然，从目前爆出的广州市政府一年要支付 2.7 亿多元给广日集团用于垃圾处理来看，这笔买卖不只是赔，还赔得不轻，简直是赔了血本的买卖啊！

报道称，广州市 2013 年安排给垃圾处理相关的资金达 8.688 4亿元，占全部城市维护建设项目资金的近一半，这固然说明政府对垃圾处理的重视，但让人忧心的是，这笔巨额资金很可能用错了方向，因为从民营企业甚至愿意花钱购买垃圾来处理的现状看，垃圾处理是很有利可图的，广州的垃圾处理现在最缺的不是政府大手笔投入给广日集团一家企业，而是在政策上对民

营企业一视同仁，终止广日集团的垃圾处理特许经营权，放开市场竞争。

终止广日集团的垃圾处理特许经营权并非无法可依，因为《市政公用事业特许经营管理办法》规定，取得特许经营权的企业在特许经营期间若"擅自转让、出租特许经营权"，主管部门应当依法终止特许经营协议，取消其特许经营权。而根据报道，2009 年时，广日集团未经市政府允许，将特许经营的垃圾处理业务交给非全资子公司"广州环保投资有限公司"，虽然广日集团后来通过股权转让使广环投公司成为其全资子公司，但早前的违规行为不可不查。

李远峰在广州市人大会场炮轰广日集团垄断垃圾处理的发言得到多位人大代表的赞同，但鉴于李远峰是省人大代表，无法在广州市"两会"提交议案或建议，在此只有希望市人大代表们能帮忙提交议案，要求政府终止广日集团的垃圾处理特许经营权，放开市场竞争，这既是给财政减轻压力，又能推动广州垃圾处理产业的健康发展，甚至因此给广州带来更多财政收入也未可知。

（原载 2013 年 1 月 22 日《新快报》）

▶ "39 号文" 公开， 垃圾焚烧特许经营真相不能仍旧无解

广州"39 号文"虽已公开，但相关的追问并未停止。省政协常委孟浩日前发出《致广州市政府的一封信》，建议市政府组织召开座谈会，正面回应有关"39 号文"的质疑，特别是要组织调查广州诚毅科技开发有限公司（以下简称"诚毅科技"）股权进出广日集团旗下广州环保投资有限公司（以下简称"广环投"）赚 3 000 万元的问题，并向社会公布调查结果。

看来，以蓄须明志推动"39 号文"公开的孟浩并不打算就此罢手，如他所言，公开文件本身不是目的，更非终点。虽然一周前政府部门缺席了由他召集的针对"39 号文"的"南方民间智库围观会"，放弃了一次与民互动的机会，但孟浩委员依然在坚持不懈地要求政府回应，其执着精神实在可嘉。

而陈建华市长日前接受记者采访时曾说，"39 号文是经过合法性审查

的"，"我们公开接受全社会监督"，既如此，对于孟浩委员提出的希望政府对"诚毅科技"股权腾挪问题进行调查，并将结果公之于众的要求，政府部门就不能这样沉默不语。

所谓"诚毅科技"股权腾挪问题，是指 2009 年该公司曾出资 1.47 亿元成为有垃圾处理特许经营权的广日集团旗下企业"广环投"的第二大股东（持股 49%），一年后，"诚毅科技"又以 1.77 亿元价格将这 49% 的股份转让给广日集团，这样一进一出，靠股权转让轻松坐收 3 000 万元。

这一事件暴露出广日集团曾将特许经营业务交给非全资子公司，涉嫌违反《市政公用事业特许经营管理办法》有关规定，按理应终止其对广州垃圾处理的特许经营权。但遗憾的是，这一事件至今没有得到全面调查和处理。此次孟浩旧事重提，但愿能促使政府部门重启调查，就此事给公众一个交代，特别是要重新审视曾涉嫌违规的广日集团是否仍有资格继续保留广州垃圾处理的特许经营权。

事实上，关于广日集团垄断广州垃圾处理一事，坊间多有反对之声。早前已有评论指出，"25 年垃圾处理特许经营权交给广日集团是笔赔本买卖"，"破除垃圾处理垄断，当终止广日集团特许经营权"（参见 2013 年 1 月 9 日、22 日《新快报》评论版），指出无论是在商言商地从财政投入与资金回报而言，还是就广日集团不能让人满意的垃圾处理状况来说，广州的垃圾处理被广日集团一家垄断的现状都必须予以改变。尤其是在民营企业大呼"一点垃圾都抢不到"、花钱买垃圾而不得的情况之下，广州的垃圾处理为什么还不放开市场竞争？政府有什么理由放着钱不赚，还倒贴给广日集团呢？

可惜在已公开的"39 号文"中我们看到，政府只简单陈述一句"由于垃圾填埋场无现金收益，垃圾焚烧发电厂售电收入也不能弥补建设运营成本"，并无其他充分的数据论证，就决定由政府向广日集团垃圾处理板块支付购买垃圾处理服务的费用，并初步测算 2009 年至 2020 年，政府共需向广日集团支付垃圾处理费 61 亿元。

政府大笔一挥，广州的垃圾处理就要被广日集团垄断经营到 2020 年，这是否合理？垃圾处理果真是笔无钱可赚、只能靠政府补贴的买卖吗？2011 年《瞭望东方周刊》的报道中曾援引广州市政府城市环卫相关职能部门一位不愿透露姓名的官员的说法，称每年广州市的垃圾处理，直接能卖钱的，就能达到 100 个亿，这仅仅是"看得见"的利润。那么这一说法是否属实？广州垃圾处理若放开企业化运营的话，又会是怎样的情况？如今"39 号文"已公开，广州未来的垃圾处理是否仍要被广日集团垄断经营至 2020 年，亟须重新讨论。

已剃须的孟浩曾说不希望再有第二次蓄须倒逼政务公开的行动，公众也希望经由"39号文"公开一事，政府部门在依法行政与政务公开方面能有所进步，那么，在此唯有再次呼吁政府部门尽快回应孟浩委员的公开信，成全他不再二次蓄须的愿望，否则，天知道这个可爱又执着的"美髯公"又会做出什么举动来倒逼政府回应呢？

（原载 2013 年 4 月 8 日《新快报》）

▶ 垃圾处理特许经营问题重重，人大该出手了

广州市政府 39 号文件公布后，省政协常委孟浩曾追问诚毅科技进出"广环投"赚 3 000 万元是否违法。4 月 13 日，广日集团通过广州市官方媒体发布了"广日集团关于受让诚毅科技持有广环投公司股权的说明"，指出诚毅科技持有股权增值 3 016.36 万元，主要源于长期股权投资、固定资产、无形资产增值，未包含任何与垃圾焚烧处理有关的收益或预期收益。对此，孟浩认为，这一解释"避重就轻""不够诚恳"。

对于孟浩的追问，广日集团做出不到 500 字的简短"说明"，虽有避重就轻之嫌，但依然值得肯定，毕竟这是企业一方试图自证清白的努力，可立此存照；而公众更希望看到的，是政府对此事的调查结论，如孟浩所质疑的，"我是给广州市政府写的一封信，但现在却没有以政府的名义来回答"，他希望由政府层面召开新闻发布会来回应，至少应该将信息提供给所有媒体。

遗憾的是，面对孟浩的追问，政府方面一直沉默不应，这个态度让公众很不安，公众不免怀疑：莫非在广日集团获得垃圾处理特许经营权一事中，政府行为确有不当之处？否则，如果政府在此事中是中立的、所作所为是没有瑕疵的，为什么连"准备调查"或"正在调查"的表态都吝于做出呢？政府部门到底在逃避什么？政府部门与广日集团之间究竟藏有什么不可告人的秘密？

这不能不让人联想到 2009 年年底时媒体爆出的有关广日集团和部分政府工作人员之间存在利益关联的几则新闻。其一是，原广州市市容环卫局局长、时任广州市政府副秘书长的吕志毅被爆与广日集团存在密切联系，但被吕志

毅以一句"胡说八道、以后再说"搪塞了过去，公众并未看到有任何的调查和调查结论。其二是，媒体调查发现，广日集团送了两辆车给原市容环卫局领导使用，其中一辆"借"给了该局副局长、时任市城管委副主任徐建韵。蹊跷的是，这一事件同样未见有任何下文，没有任何人因此受到惩罚。

这两则四年前的旧闻至今无解，怕是成了广州市政府部门如今迟迟不能表态的最好注脚，因为深陷利益纠葛疑团中的政府部门自身已很难作为公正、客观的力量来介入此事的调查了。那么在这种情况下，市人大理应介入调查，因为这不仅关系到广日集团是否涉嫌造成3 000万国有资产的流失，更涉及广日集团今后是否依然有资格保留广州市的垃圾处理特许经营权。

要知道，今年广州市本级财政安排城市维护建设项目的资金计划18.872 1亿元，其中广日集团一家企业就独得垃圾处理项目日常运营维护经费2.766 1亿元，占总数的14.7%。如此巨额的数目交给一家曾涉嫌导致国有资产流失且至今调查结果未明的企业，是否妥当？而且从媒体报道中得知，广州的垃圾处理行业不是无利可图、需要补贴的，而是多家企业试图进入而不得的行业，那么人大是否应考虑终止向广日集团拨付高达2.7亿元的财政经费，并督促政府放开垃圾处理行业的市场竞争？2.7亿元呐，纳税人的钱就那么容易花？

39号文公布之后，广州律师周玉忠曾将一份"公民建议书"寄给广州市人大常委会主任张桂芳，建议市人大组成特定问题调查委员会，依法对广州市政府及相关部门、广日集团等单位进行调查，并向常委会提供调查报告，市人大表示已收到建议书，"正在研究"。不知现在市人大的研究结论出来了没有？既然政府部门对广日集团垃圾处理一事三缄其口、迟迟不应，市人大该出手时就出手吧！

（原载2013年4月16日《新快报》）

▶ 39号文，124号文，6号文，下一个呢？

继神秘的39号文、124号文之后，广州市政府又被爆出还有个神秘的6号文没公开。6号文全称为《关于进一步深化市水投集团投融资改革的工作方案》（穗府〔2013〕6号），其中披露，政府从今年开始每年财政补助22.6亿元帮水投集团还债，从2013年至2029年预计要还17年。

打造"阳光政府"、促进行政权力运行过程和结果更加公开透明，是本届广州市政府对市民的庄严承诺，是写进政府工作报告中去的，但为何在实际施政过程中会出现这么多的神秘政府文件，着实耐人寻味。

查询广州市政府网站信息公开板块可发现，以"穗府〔2013〕"为后缀的1、2、3、5号文件，7~10号文件，甚至16、20号文件都已经公布，但6号文件并不在公开范围之内。政府文件不是按编码顺序依次公布，而是频频出现"跳帧"，这背后的原因是什么？

更让人不解的是，若按后缀编码顺序查询已公开的政府文件，会发现在已过去的2012年，可能存在着更多未公开的神秘文件，最突出的就是"穗府〔2012〕"的40号文件至86号文件之间完全缺失，没有公开，存在着一大段空白。

对于政府文件为何会出现这样小幅"跳帧"、大幅"空白"的情况，笔者不能妄加揣测其原因，唯希望市政府能出面解释一下政府文件公开所遵循的顺序及相关规定是怎样的，未公开的政府文件具体是何内容、为何不公开、何时才能公开，以解市民之惑。

说归目前已被媒体曝光的这三份神秘文件：39号文、124号文和6号文。分析它们的共同点会发现：其一，内容重大，涉及的都是广州城市治理的重要战略，如39号文关涉到广州投融资平台改革，124号文涉及广州未来垃圾市场格局，6号文则涉及用纳税人的钱替国企还巨额债务的问题。其二，拒绝监督，在人大、市民都没有参与的情况下，由政府一家拍板，对广州未来十几二十年的部分财政收入就做出了安排，如39号文初步估算2009—2020年政府要向广日集团支付垃圾处理费61亿元，6号文则规定政府从2013—2029年向水投集团财政补助384.2亿元。

至于三份神秘文件之间的关系，打个比方的话，可以称其为"母子文件"，即39号文是源头，是"母"，先用行政公文的方式确立交投、水投、广日、城投等多家国企的市场垄断局面，再用124号文、6号文这样的"子文件"，分别确保这些国企的垄断地位及获取的财政补贴。

更可怕的是，如果预料没错的话，接下来可能会曝光更多的神秘"子文件"，因为39号文孵出了好几个"亲儿子"，广日、水投只是其中两个，政府既然能为它们两个继续出台文件"保驾护航"，那么其他"儿子"也必然会享受到相应的待遇。这就像撒谎一样，你撒了一个谎之后，必然要通过撒一千个谎来圆。只是可悲了我等纳税人，未来十几年的税金已经被政府私相授受给了这些国企"亲儿子"——如此做法，合法性何在？

广州市人大前段时间在回复公民有关"撤销 39 号文"的建议书时曾表示，要对 39 号文展开调研，不想 39 号文还没落幕，又爆出了 124 号文、6 号文，天知道后面还有多少个类似神秘文件，人大监督得加把劲跟上啊！

（原载 2013 年 5 月 14 日《南方都市报》）

▶ 垃圾处理是否暴利岂能由企业自说自话

继 4 月中旬广日集团发布不到 500 字的"关于受让诚毅科技持有广环投公司股权的说明"之后，其旗下的广州环保投资集团有限公司（以下简称"广环投"）日前也首度回应了垃圾处理收益问题，称"垃圾处理绝对不是暴利行业，只能说是'保本微利'"。

总是以企业单方回应而非以官方调查结论的形式来回应公众对于垃圾处理问题的质疑，广州相关政府部门的做法显然不够有诚意。企业的回应只能算是被质疑方试图自证清白的努力，真相还要靠政府或第三方的调查来得出，遗憾的是，长期以来围绕广州垃圾处理的诸多质疑，只见企业惜字如金的解释，很少见到政府方面的公开回应。

以备受关注的"垃圾处理行业是否暴利"这一问题为例，广环投自称是"保本微利"，而同样经营垃圾处理的万绿达集团董事长李远峰却在今年广州市"两会"上抱怨广州垃圾处理被广日集团这家国企所垄断，"民企一点垃圾都拿不到"——试问，如果垃圾处理只是"保本微利"的行业，民企老板有必要专门到"两会"上吐槽，削尖脑袋想进入垃圾处理行业吗？

所以，广环投在自称垃圾处理"保本微利"的同时，可能更要想想，其背后的原因会不会是自己经营不善所致呢？特别是在广环投过去五年多的经营业绩从未向公众公开的情况下，由其单方宣称"保本微利"甚是可疑。

可惜，对于这样一个经营能力存疑的国有企业，广州市政府似乎铁了心地要帮扶它。根据早前曝光的"124 号文"，广州市将重组固体废弃物处理投资主体，通过"先吸收合并，后增资扩股"的方式重组广环投，力争用三五年，将其打造成为低碳环保、技术领先、管理先进、可持续发展的国有控股大型环保产业集团，然后酝酿上市；升级版的广环投也不再只做广州市场，而是把目光瞄准全国垃圾市场。

不过，扶持这样一家企业并非易事，根据已公开的"广日21号文"，广环投向政府要钱、要资产的胃口实在不小，包括：从今年起至2017年，财政共向其注入资金32.5亿元，同时无偿划拨白云湖、番禺会江等地块给它，预计收益107.8亿元；广州市城管委大楼、户外广告拍卖收益等所得9.8亿元也要收入其囊中……

将如此多的优质资源和财政资金通通给予广环投，这是推动广州垃圾处理的最好方法吗？如果都是纳税人掏钱买单，又何必非你广环投一家不可呢？广环投吃定政府，这背后有何玄机？

更让人难以理解的是，广环投暂时没有运营垃圾焚烧发电厂的经验，但李坑焚烧项目一期2015年到期后，运营权却有可能移交给广环投。虽然广环投有意聘请相关资质人士以获得技术支撑，但政府部门作出这样削足适履的决定还是让人不免怀疑：广州的垃圾处理非广环投不可，原因何在？

必须指出的是，对于近年来广州垃圾处理问题的质疑，企业两次单方面的解释非但没能有效回答公众的疑问，反而激起了更多的质疑，在这种情况下，继续任由企业单方面自说自话已严重损害政府部门的公信力。广州的垃圾处理行业亟须一份客观公正的第三方报告，如果报告证实垃圾处理果真是"保本微利"的行业，那么我等纳税人或许要致敬广环投这样有社会责任感的国企；如果不是"保本微利"，而明明是暴利，或者是竞争不充分导致的"保本微利"，那么对于广环投这种捡便宜还卖乖的狮子大开口行为就要深表不齿。

其实从目前公众掌握的有限信息来看，广州垃圾处理行业暴利、竞争不充分的可能性是极大的，民企老板也早就建议应在垃圾处理行业引进竞争机制，既如此，政府也就没必要紧紧拉住广环投的手不放了，彼此解脱，引入竞争，放广州的垃圾处理一条生路吧。

（原载2013年6月18日《新快报》）

▶ 广日集团 "后悔" 介入垃圾处理背后有何玄机？

昨日同城多家媒体都报道了广日集团董事长、总经理潘胜燊对有关垃圾焚烧热点问题的回应，这是该集团自 2009 年卷入垃圾焚烧风波事件以来，一把手首度回应舆论的诸多质疑。对于广日集团入行垃圾焚烧，潘胜燊直言："其实挺后悔的。但是我觉得，既然做了，还是不要后悔。"

心里"真的挺后悔"，但现实中又说服自己"不要后悔"，广日老总潘胜燊的这种矛盾心态在访谈中多有流露，比如，他一方面说"我也想把这个垃圾处理项目交给政府。谁提出说让政府把这个要回去，我都可以给回去"，但另一方面又表示"既然都做到今天了，我们还是要做下去"。

那么，广州垃圾处理的特许经营，广日集团到底想不想继续做？潘胜燊所流露出的纠结心态颇耐人寻味。虽然城中舆论早有呼吁"破除垃圾处理垄断，当终止广日集团特许经营权"，但当广日集团自己也流露出"撂挑子"的心态，摆出一副又想顺水推舟地退出垃圾处理行业、又想继续做下去的矛盾样子时，公众却必须警惕，当务之急就是要弄清：广日集团从当初利用"39号文"为垄断垃圾处理护航，到如今似乎萌生退意，这其间到底发生了什么？背后可能存在怎样的算计？

笔者在此不妨做几点猜测，欢迎广日集团继续回应——在政府或第三方调查迟迟出不来的情况下，企业多向公众透露情况，回应公众质疑，也是好的，有助于真相的逐步呈现。

猜测一：垃圾处理没有想象中那么有"油水"可捞，而垃圾焚烧厂的建设又招致普遍反对、停滞不前，广日遂萌生退意。

广日集团最初介入垃圾处理，是因为自认有设备上的优势，想通过生产低价垃圾焚烧设备、降低垃圾焚烧厂建设成本，进而盈利。但现实却是，自2009 年番禺垃圾焚烧发电厂建设遭遇强烈反对以来，花都、白云、萝岗、从化、增城等地的垃圾焚烧发电厂建设基本都处于停滞不前状态，而李坑二厂的设备又全部是进口的，这都使得广日集团想通过生产垃圾焚烧设备来盈利的计划遭遇流产。

另一方面，39 号文中虽明确由政府向广日集团支付垃圾处理费（2009—

2020 年，预计支付 61 亿元），但据潘胜燊透露，"我们和政府间也还没谈妥每处理一吨垃圾的处理费是多少"，也就是说，这笔预期的巨额收入，广日集团很可能没有顺利拿到，影响了企业的积极性。

猜测二：媒体和公众的监督压力越来越大，垃圾处理特许经营不得人心，未来广日集团以垃圾处理为借口向政府申请补贴越发困难。

前段时间媒体曝光了"广日 21 号文"，发现广日集团旗下的广环投狮子大开口般向政府要钱要地还要楼，包括财政注资 32.5 亿元，白云湖等地块收益 107.8 亿元，城管委大楼等作价 9.8 亿元……这一文件引发舆论炮轰，公众质疑用纳税人的钱如此补贴一家企业的合法性何在，更何况还有民企抱怨欲进入垃圾处理行业而不得，那么在这种舆论压力下，广日集团及其下属的广环投企业未来从政府处可获得的收益就变得极不稳定，甚至可能被取消，广日集团萌生退意也就在情理之中了。

猜测三：广日集团频频放出"垃圾处理只是保本微利"，"垃圾焚烧行业要想盈利，至少要等 10 年后"，"广日集团去年盈利超 18 亿，但没有 1 分钱是来自垃圾处理"等说法，试图让公众确信"垃圾焚烧是半公益事业"，进而塑造起广日集团极具社会责任感的高大形象，以方便广日集团从政府处获得更多补贴。

但事实上，广日集团进军垃圾处理行业，并由 39 号文护航，一下子将垃圾特许经营权垄断到 2020 年，这仅仅是出于企业的社会责任感？任何一家国企在无利可图的情况下，社会责任感都不会爆棚到这种程度吧！如今几年时间过去了，广日集团自称没赚到垃圾处理 1 分钱，却对继续从事垃圾处理行业摆出半推半就的矛盾样子，无非就是想获得政府部门的更多补贴而已。

而面对公众要求首先公开广日集团账本，再谈该否补贴的呼声，广日将皮球踢给了政府，称"政府希望我们怎么样公开，我们就怎么公开"，那么接下来政府就该顺应公众和企业的呼吁，抓紧公开账本，让公众知晓，这几年广州的垃圾处理被垄断经营得怎么样。

归根结底，破除广日集团对垃圾处理的垄断势在必行，但广日在退出之前，也要向社会公开账本，让公众看看国企口中"保本微利"的垃圾处理与民企削尖脑袋也想进入的垃圾处理到底差距在哪里。至于当初政府为何要将特许经营权授予广日集团，潘胜燊的解释回避了最关键的问题，即原广州环卫局局长吕志毅的弟弟在广日集团任职，到底是不是广日获得垃圾处理特许经营权的重要因素呢？

（原载 2013 年 6 月 21 日《新快报》）

▶ "垃圾菜" 的死灰复燃与厨余垃圾处理厂的缓建

时隔半年之后，广州番禺金山村菜农使用未分类垃圾堆肥种菜一事又被翻炒出来，很不幸，不是什么纠偏改正的好消息，而是"垃圾菜"死灰复燃的坏消息：金山村菜地里电池、药瓶、打火机等生活垃圾依旧随处可见，甚至比去年更多了。

当新闻以这样的方式"轮回"，恐怕市民除了再一次震惊之外，更多的是愤怒。人们不禁要问：上次曝光"垃圾菜"后，政府部门究竟采取了哪些措施？为什么没能有效遏制"垃圾菜"？

记得广州市城管委去年底曾就"垃圾菜"表态，称剔除有害垃圾的堆肥其实是值得鼓励的，他们准备去金山村推广垃圾认真分类后的堆肥。的确，类似大田山生态园那种利用厨余垃圾堆肥的做法颇受欢迎，那里垃圾堆肥种出的菜甚至被市民追捧。但金山村这种使用未分类的混合垃圾堆肥，则可能导致土壤重金属污染，若重金属通过蔬菜进入人体，可能造成慢性中毒，严重的还可能导致畸形和癌症。

两种垃圾堆肥，种出的菜大不相同。那么，敢问城管委，当初既承诺去金山村推广厨余垃圾堆肥，为何没能实现？是根本没去推广，还是遇到了什么阻力？据了解，城管委目前只在白云、增城、从化、花都四个地方的农村进行垃圾堆肥试验，通过把有害垃圾和塑料分类清除掉再堆肥，取得了很好的效果。但从金山村民仍使用混合垃圾堆肥的现状来看，仅靠政府力量经营这几个试点已经远远不够，政府部门有必要引入社会力量多搞几个试点，特别是对于金山村这样对有机肥有着大量需求的地方，城管委更应想方设法予以对接。如此，不但可以进一步推动垃圾分类，还可以带动厨余垃圾处理厂的建设。

不过令人费解的是，尽管有大田山生态园这样的厨余处理范例在先，城管委前段时间竟然还建议暂缓建设厨余处理设施，而选择上马垃圾焚烧厂——政府部门一方面对使用混合垃圾堆肥行为疏于管理，一方面又对使用分类后的垃圾堆肥行为不积极扶持，也就难怪菜农至今仍在使用混合垃圾堆肥种菜了。

值得注意的是，去年底"垃圾菜"事件曝光后，广州市曾下发紧急通知要求全市排查相关情况。那么，排查结果如何？为何没通过媒体向市民通报？要知道，用混合垃圾堆肥种菜的不止金山村一处，有菜农称，钟村、大石、洛溪、石碁、化龙、新造、沙湾、莲花山等地均存在垃圾种菜的现象，甚至"整个番禺都是这样，不仅仅是种菜，还有种花，种香蕉"。另有菜农表示，南沙那边也在用垃圾堆肥，"一些大农场每天几百车"。

那么，这些菜农所言是否属实？"垃圾菜"在广州到底分布多广？危害多大？按理说，如果"垃圾菜"在本地广泛种植并流入市场，包括政府官员在内的广大市民都是受害者，政府部门应该很有动力去彻查此事才对，怎么会容许出现死灰复燃的现象呢？莫非官员们都有"特供"吃？

"垃圾菜"死灰复燃的现状让政府部门当初的种种治理承诺看起来像个笑话，同时也提醒我们，仅靠短期的查处，并不能真正斩断"垃圾菜"的生产链条，必须建立起有针对性的长效机制，才可能避免"垃圾菜"继续存在。

首先是弄清垃圾肥的来源。报道显示，垃圾肥来源去年就没有完全查清，除查明佛山顺德北滘垃圾场违规提供垃圾给兴顺公司，并被该公司转手出售给农民种菜之外，还有相当一部分的垃圾肥来源缺口没有得到合理解释。此次"垃圾菜"事件重演，可以说与政府部门当初执法不彻底有着莫大关系。

再者是要给菜农出路。之前政府部门围追堵截金山村的蔬菜流入市场，导致菜农利益受损，必然引发菜农反弹；况且正规肥料4 000多元一吨，垃圾肥只要200元，如此悬殊的价格，菜农如何选择不难想象。罔顾菜农利益，只靠农业局一句"引导当地农民使用合格的有机肥"，就想说服菜农放弃使用混合垃圾堆肥，实在太过苍白无力。

（原载2013年8月2日《新快报》）

▶ 垃圾分类 "造假" 勿误导决策

据《广州日报》报道，广州市政协主席苏志佳日前带队视察全市垃圾分类情况，在即将视察到滨江东综合市场的垃圾分类集中处理站之前，记者发现，竟有工作人员慌忙将垃圾塞入原本空空如也的崭新的垃圾桶内以应付领导检查。而在领导视察结束后的当天下午，市场内的垃圾桶数量就明显减少，四个不同颜色的分类垃圾桶被一个白色垃圾桶所取代。

为了应付领导检查而变着花样地耍手段、造假，这种现象在国内多数地方恐怕都不同程度地存在着，只是这一次被记者意外抓了现行，就难免会让一些人尴尬，甚至要被追究责任了。首先撇不清关系的就是市城管委：是不是你们事先将领导视察的时间和路线泄露了出去？甚至可以进一步追问，是不是你们授意滨江东市场的相关责任人，将垃圾桶布置好以迎接领导检查？

想象一下这一幕幕荒诞的场景吧：领导来视察之前，派人匆忙往垃圾桶里塞垃圾；领导视察的时候，有工作人员一本正经地打开垃圾桶并现场解说，"每天上午市场会将场内产生的垃圾进行分类，每天早上会处理五六批垃圾"；而在领导视察结束后，迅速撤掉垃圾桶……怎一个荒诞了得！

市政协主席苏志佳坦承，"我知道今天给我看的都是好的，我也知道垃圾分类有很多薄弱环节"，这个表态，说明市领导对广州垃圾分类现状是有着相对清醒的认识。事实上，这不是市领导第一次怀疑有关垃圾分类的数据过于乐观了。记得今年初，市长陈建华面对垃圾分类参与率和准确投放率皆高达百分之八九十的数据时，也提出了质疑：会不会有一点水分？后经解释，发现果然是统计口径问题，现实远没有统计数据那么漂亮。

市领导在面对垃圾分类的漂亮数据时能保持清醒的头脑，这固然值得庆幸，但我们也实在担心，城管委这样三番五次地给领导提供"化了妆"的数据，会不会影响广州在制定垃圾分类相关政策时的科学性？

要知道，广州近几年一直在不遗余力地推进各项垃圾处理工作：启动垃圾计量收费试点，建设垃圾焚烧厂，改造压缩站……这些决策自然都是基于相关统计数据做出的，可是，如果围绕垃圾处理产生的数据本身就是不诚实的、不值得信任的"垃圾"数据，甚至连摆在领导眼前的东西都可以造假，那么，基于此而做出的垃圾分类决策怎能保证是科学合理的呢？这些决策，又将给我们的城市生活带来怎样不可预知的影响？

看来，广州有关垃圾分类的数据，要好好挤一挤水分，剥一剥皮。否则，若现在就让领导们乐观地认为"垃圾分类处理工作机制进入良性循环轨道"，这实在不利于实事求是地解决广州的垃圾围城问题。

（原载 2013 年 11 月 1 日《羊城晚报》）

▶ **改变垃圾混运，要等居民100%垃圾分类再说？**

　　垃圾混运一直是广州市民对垃圾分类诟病最多的地方，不少市民因为看到自家的分类垃圾与其他未分类垃圾被一锅端地混装运走，而丧失了持续垃圾分类的信心。那么，广州何时才能全面实现垃圾的分类收运？对此，市城管委分类管理处处长尹自永郑重承诺，"只要居民分了类，城管系统和环卫收运系统保证能够百分之百地把垃圾分类收运，送到该去的地方去"。

　　也就是说，在城管部门看来，分类收运的前提是垃圾分类，"如果只分出10公斤厨余垃圾。我们不可能马上派一辆容量三五吨的餐厨收运车来收"。这话听上去似乎很有道理，但落实到现实中，就有将垃圾分类推入恶性循环的危险。

　　要知道，在市民中推广垃圾分类绝不可能一蹴而就，必然有人争先、有人观望、有人无动于衷。假设一个小区有10%的先行者已经做好了垃圾分类，但这些分类垃圾在城管部门看来并不值得专门派车来分类收运，而是仍将其与其他垃圾混运，那么此举必然会打击垃圾分类先行者的积极性，甚至让他们成为邻居眼中的傻子，自然地，先行者的努力付诸东流，垃圾分类又退回原点。

　　所以说，城管委将垃圾分类作为分类收运的前提的想法，实在有点本末倒置；而只有以分类收运来鼓励那些垃圾分类的先行者，甚至通过拒收那些不分类垃圾的做法来倒逼市民养成垃圾分类的习惯，才可能真正将垃圾分类的做法推广开去。否则，若想等到小区居民都100%做到了垃圾分类再来分类收运垃圾，怕是等到地老天荒也难实现。

　　城管委担心的另一个问题是：如果垃圾处理设施都建好了，但居民垃圾分类还没做好，该怎么办？窃以为，城管委实在是过虑了，以厨余垃圾填埋场的建设为例，如果有设备、没垃圾，企业"吃不饱"，那么它一定会想办法去找垃圾，甚至以奖励市民等方式鼓励市民做好垃圾分类、提供厨余垃圾，毕竟，垃圾只是放错了地方的资源，垃圾处理不是如某些垄断企业所说的那样无利可图，在真正放开市场且给予政策扶持的情况下，以完善垃圾处理设施来倒推垃圾分类，是可行的，大田山生态园不就是一个很好的厨余垃圾处理范例吗？

但让人费解的是，城管委今年7月竟做出了暂缓厨余垃圾处理设施建设、上马垃圾焚烧厂的决定。这样的决定传递出什么信号？会不会让市民觉得：不管我怎么分类，最后都是要被送到焚烧炉里一烧了之？不妨问问城管委：假设一夜之间广州市民的垃圾分类真的百分百达标了，相应的分类收运能力、垃圾处理能力能否跟得上？

其实归根结底，垃圾分类在广州推行十几年仍原地打转的原因，很大程度上是由于政府主导过于强势，相关决策又不够科学，不论是上面提到的暂缓建设厨余垃圾处理设施的决定，还是最近被曝光的垃圾分类检查中的造假行为，都让人质疑在政府一家主导之下垃圾处理决策的科学性。因此，有必要再次呼吁：广州的垃圾处理行业亟须放开市场，引入社会力量，推动垃圾分类真正落到实处。

（原载2013年11月12日《南方都市报》）

▶ 警惕火烧岗垃圾填埋场以 "整治" 之名行 "扩建" 之实

报载，有番禺业主向广州市环保局投诉：火烧岗垃圾填埋场的扩建项目既没有环评手续，也没有报批规划和建设部门，属于无证施工。对此，番禺区的答复是：该项目于2000年经番禺区环评审批，本次整治工程非新建项目，故不涉及办理环评报批。而广州市环保局则表态"将马上展开调查"。

火烧岗垃圾填埋场扩建沿用的是十三年前的环评审批？在批评之前，恐怕首先要厘清：业主所说的"扩建"与番禺政府部门所说的"整治"到底是不是一回事？如果是"整治"，是否就意味着可以绕开环评、报建手续？

其实关于这个问题，今年八月间曾有媒体报道，当时面对"扩建"质疑，番禺区城市管理局的解释是"启动填埋场整治工程"，具体的整治内容包括：库区底部铺设防渗膜，防止垃圾渗滤液污染地下水，降低垃圾填埋作业面的高度；对丹山河流经火烧岗的河道进行改道……整治的目的是进一步提高无害化处理能力，提高减臭和卫生环保水平，降低对周边环境的影响。

可以看出，这些以"整治""减臭"为名展开的工程，事实上已形成扩建之势，特别是"降低垃圾填埋作业面的高度"这一条，换成通俗易懂的话来说，就是现在火烧岗的垃圾山已经堆得太高了，据称垃圾填埋高度已超过80米，几乎高于周边的楼盘，填埋的难度及危险性越来越大，遇到下雨天还容易引起垃圾山体坍塌，但每天仍有2 000多吨垃圾源源不断地运进来，为了处理这些垃圾，只能扩大填埋区面积。

这实在是让人困惑的，因为广州市市长陈建华刚刚在上月底郑重承诺：将对火烧岗垃圾填埋场进行无害化封场，最大限度减少对周边居民的影响；并将尽快动工新建垃圾焚烧场，消纳这一部分垃圾，未来彻底关闭火烧岗填埋场。

既是打算彻底关闭的，为何又在事实上形成"扩建"的规模呢？火烧岗垃圾填埋场声称是为解决恶臭扰民而开展整治，但在整治中却引发附近居民更多的困惑和抗议，这不免让人感到遗憾。火烧岗填埋场到底是不是偷换概念，以"整治"之名、行"扩建"之实，恐怕还需更进一步的坦诚回应，填埋场方面甚至不妨邀请附近居民去现场参观一下，详细给居民们解释一下，这个"整治"工程到底是怎么一回事？

文章最后，可能还是要给番禺投诉的业主们泼盆冷水：你们试图以火烧岗垃圾填埋场没有环评、没有报批的程序漏洞质疑其扩建合法性，恐怕收效甚微。要知道，这所谓的"整治"工程从今年初就开始了，年底就要结束，基本已是"生米煮成熟饭"，届时即便环保部门证实其没有环评手续，对其的处罚很可能也就是补齐手续、交些罚款，然后就顺利转正了。早前的李坑生活垃圾焚烧发电二厂顺利从违建转正就是个例子，它从开工之初到试运营前一个月，一直是违法建筑，周边的居民也是一直反对其建设，结果呢？还不是交些罚款就转正了？

当然，这一点，番禺的业主们可能早有领会了，据称，今年7—10月，番禺区城管执法局已先后四次对火烧岗垃圾填埋场进行执法检查，认定其属于无证施工，责令其立即停止施工，并立案调查，但效果如何呢？番禺业主仍在上访投诉这一现实已然说明了一切。现在市环保局也说要"马上展开调查"了，我们且拭目以待吧！

(原载2013年11月27日《新快报》)

▶ 垃圾计量收费： 试点情况摸不清， 如何推广？

广州6个小区（机团单位）生活垃圾计量收费试点工作自去年12月1日开始，至今已开展了一个多月的时间，据称下月下旬起，垃圾计量收费将进入常态化，试用大、中、小垃圾袋进行计量收费。

垃圾计量收费仅在6个试点开展一个多月的时间，就迫不及待地要"进入常态化"，这步子跨得似乎有些大，这一政策未来的执行力如何也颇让人担忧。因此，需要倒过来追问的就是：计量收费试点一个多月以来搜集了哪些数据？这些数据说明了什么问题？所谓的计量收费"进入常态化"具体含义是什么？

至少目前，关于计量收费，公众尚没有看到城管委披露出任何有参考价值的、可以作为决策依据的数据。反而是在近期城管委与废弃物公咨委委员们的座谈会上，暴露出有关计量收费的一些真问题。

最主要的问题就是工作人员对计量收费的数据搜集问题"蒙查查"。有报道称，垃圾计量收费试点处的负责人坦承"试验到底需要什么数据，我们想不出来"，目前只能依靠街道环卫工人或者督导员进行数据收集，再交由城管委邀请的高校课题组研究生进行数据处理。

不得不说，这样的数据收集和分析实在是很可笑的：让环卫工每天在收垃圾之外还要收集数据？城管委准备让环卫工每天拿个秤给垃圾称重，再拿上纸笔做记录吗？而高校的课题组不到一线去看居民如何扔垃圾，就靠一些二手数据做分析，又能得出什么科学结论？

尽管广州市城管委分类处处长尹自永称，计量收费试点要弄清楚每户单位的垃圾量、垃圾成分等八方面的问题，要把数据统计上来，通过试验再制定政策，但试点了一个多月，究竟有谁去翻看居民扔的垃圾有哪些成分了？又搜集出哪些有价值的数据了？

笔者固然不敢断定垃圾计量收费这一个多月的试点是全无意义的，但至少从目前媒体报道的情况来看，城管委对试点情况的了解是不够深入和细致的，若非要在此基础上做出任何决策，那也必然是可疑的。

市城管委副主任鲍伦军在去年11月底的新闻发布会上曾表态，"不管这次收费试点的结果如何，明年（2014 年）的收费改革是铁定地按量收费，肯定要改革"。这或许能够解释为什么计量收费试点小区的数据搜集如此儿戏，因为在城管委看来，搞试点并不是真的出于数据搜集的目的，试点只不过是大范围推广前必经的阶段，是显示决策科学的幌子而已。毕竟不管试点结果如何，城管委已经铁了心要计量收费了，他们就待时机成熟，宣布试点成功而已。

多名公咨委建议，要调整垃圾处理费，应先公开垃圾处理账本，城管委也表态称"未来将公布"。城管委既已有此决心，不妨就先从计量收费试点情况公开起，向公众汇报一下：每户单位的垃圾成分如何？垃圾量比试点前是增加了还是减少了？如果计量收费，估计有几成用户将为垃圾处理支出比之前 15 元更多的费用？

（原载 2014 年 1 月 7 日《南方都市报》）

▶ 垃圾分类引入社会资本，步子不妨迈大一点

广州市市长陈建华日前在部署今年广州深化生活垃圾分类处理工作时透露，要积极引入社会资本进入社区垃圾分类以及垃圾分类收运市场，不断降低行政成本，扩大收运能力，努力做到垃圾分类开展到哪里，分类收集和分类运输就跟进到哪里。

市长这一句"积极引入社会资本进入垃圾分类收运市场"，不知会让多少人感到振奋！对于那些欲进入垃圾处理行业而不得、在市"两会"上高呼"民企一点垃圾都拿不到"的民营企业主们来说，对于一直呼吁"破除垃圾处理垄断，当终止广日集团特许经营权"的公共议政人士来说，陈建华市长这一表态虽然尚未有更多的配套细则出台，但已让人感到弥足珍贵。

事实上，广州的垃圾处理市场化程度不够，进而制约了垃圾分类的进展，已经成为包括市城管委在内的多数人的共识。有城管委负责人就坦言，"社区垃圾分类面临的困难就是想做事的没合适的途径进入前端。因为现行的体制在这里了，参与不进来"。

那么，如今市长既已有"引入社会资本"的表态，我们不妨就来探讨一

下：社会资本进入垃圾分类收运市场，将会面临哪些问题？政府方面在表态之后，应如何着手落实？

首先要考虑的就是，在广州垃圾处理市场事实上已被广日集团垄断的情况之下，具体开放哪些领域给社会资本？市领导明确提到的两块领域，一个是社区垃圾分类，希望未来有更多 NGO、企业活跃在社区分类"前线"；一个是垃圾分类收运市场。开放这两块固然好，但联系到日前李克强总理那句"对市场主体而言'法无禁止即可为'"的表态，广州在向社会资本开放垃圾处理行业方面，理应更大气一些，开放得更多，不要再继续人为地给民营企业设置玻璃天花板了。在广州市垃圾分类收运体系已基本建立的情况之下，如何让社会资本见缝插针地参与进来、对接好，这其实很考验政府部门引入社会资本的诚意，总不能麻烦的事情就让社会资本参与，油水多的部分就自己捂起来瓜分吧！

我们知道，垃圾处理即便不被某些人承认是"暴利"，但它至少也不是一项亏本生意，连广日集团旗下的广州环保投资集团有限公司（以下简称"广环投"）也不得不承认，垃圾处理是"保本微利"。政府舍得为垃圾处理大手笔投入，企业从垃圾处理中有利可图，这恐怕是城管委及广日集团一直不愿意让社会资本进入垃圾处理行业"分一杯羹"的重要原因。

敢问，社会资本如果进入垃圾处理行业，将可以享受哪些政策优惠和财政补贴？能否享受和广日集团一样的优惠待遇？要知道，去年广日集团一家从市本级财政中获得垃圾处理项目日常运营维护经费 2.766 1 亿元；已曝光的"39 号文"则测算出 2009 年至 2020 年，政府共需向广日集团支付垃圾处理费 61 亿元；其后曝光的"21 号文"更是发现广日集团旗下的广环投狮子大开口般向政府要钱要地还要楼。那么现在要引入社会资本，广日集团享受的这些财政补贴是否还需要保留，是很值得商榷的。因为如果保留，那势必对民营企业不公；如果按照类似标准补贴民企，那么陈建华市长所期望的"降低行政成本"的目标就不可能达到。

广州垃圾分类推进了这么多年，如今才表态要引入社会资本，虽值得肯定，其实更需反省，毕竟国务院早有放开垃圾处理行业的文件，而国外垃圾处理成功的市场化之路也一直在为我们提供借鉴。那么如今市长的表态能在多大程度上将广州垃圾处理行业的垄断经营撕开一条口子，我们且拭目以待。一句话：广州垃圾处理的市场化之路，步子不妨迈得大一点，快一点。

（原载 2014 年 2 月 26 日《新快报》）

▶ 垃圾分类引入社会力量，要舍得 "割肉"

继今年 2 月广州市市长陈建华发出 "要积极引入社会资本进入社区垃圾分类以及垃圾分类收运市场" 的信号之后，近日，广州市城管委再次通过媒体表示出 "让社会力量参与垃圾分类" 的意愿。

垃圾分类在广州推行十几年举步维艰，如今虽已明确表示出引入社会力量参与垃圾分类的意思，却又 "只闻楼梯响，不见人下来"，距市长表态已过去了三个月，相关的配套细则还没有出来，这样的行政效率真是让人想 "点赞" 都难。

更重要的是，无论是市长的表态，还是城管委的说辞，都已经明确地透露出，垃圾分类处理领域对于社会资本的开放是有条件的，企业和社会力量能参与的只是垃圾分类的 "前端" ——社会垃圾分类和垃圾收运，至于末端的处理，比如一直以来被舆论强烈质疑的垃圾焚烧特许经营，政府并没有放开的意思。

甚至可以说，对末端的处理，城管委搞专营、特许经营的意愿有增无减。城管委分类处处长尹自永称，广州目前正在进行碎旧布回收利用的试点，通过政府专营或特许经营的方式引入相关企业。"也许不久的将来，以广州为中心的碎旧布回收利用企业一旦建立起来，很快就能做成上市公司。"

对垃圾的末端处理，城管委总是打着专营、特许经营的算盘，这到底是什么原因？是因为社会力量都不愿意涉足、政府被迫无奈要插手，还是政府与民争利、涉嫌利益输送？结合以往的情况看，后者的可能性似乎更大些。

以享受垃圾焚烧特许经营权的广日集团为例，它不但能从市本级财政中获得垃圾处理项目日常运营维护经费，还借助 39 号文、21 号文等文件，从政府那里要钱要地又要楼。那么，广日集团在垃圾处理中享有的这种种优势，企业和社会力量在参与垃圾分类时，能同等享受到吗？

据城管委估算，广州全市资源再利用的相关市值超过 2 000 亿元，这么丰厚的利润，政府看得到，市场嗅觉敏锐的企业不会不知道，但之所以广州之前没有社会资本进入垃圾分类处理行业，与企业遇到的各种有形无形的 "玻璃门" 有很大关系。政府如果真心鼓励社会资本进入，就应该在一味补贴垃圾末端处理的同时，对于前端的垃圾分类，也给予一些政策和资金上的支持。

另外，城管部门还应着手尽快打破垃圾处理中不合理的专营或特许经营制度，平等对待市场中的竞争主体，否则，只打算向社会资本开放垃圾分类中麻烦不断的前端，却不开放有利可图的末端，这看上去既小气又可笑。可以说，只有政府部门舍得"割肉"，真正让企业觉得有利可图，垃圾分类的市场化运作才有迅速推进的可能。

至于城管委抱怨市财政对垃圾分类的投入偏少、专项经费预算只有20万元，窃以为，财政对垃圾分类的投入不是越多越好，因为很可能经费给得越多、城管干预得越多，反倒不利于垃圾分类处理的市场化进程。

（原载2014年5月14日《南方都市报》）

广州创垃圾分类示范城市，造声势不如建机制

报载，广州将申请创建全国生活垃圾分类示范城市。今年7月10日前，广州还将举行由1.1万名官员干部、教师学生、志愿者、房地产商等参加的垃圾分类"万人行"活动。

继"创卫""创文"之后，广州即将开展的这场"创分"行动，可以说让人喜忧参半。喜的是，广州开展垃圾分类有了政绩上的激励，必将进一步刺激各级官员重视此事，有关垃圾分类的事项获得政策和财政上的大力支持就不再是问题；忧的是，"创分"的评估工作定于2015年年底，距今只有一年半的时间，在这么短的时间里若想让广州的垃圾分类有质的飞跃，很可能会催生一些急功近利的行为，而垃圾分类习惯的养成及垃圾处理设施的完善却不是毕其功于一役的事。

事实上，广州很多社区的垃圾分类试点工作已经证明，短时间内突飞猛进的成绩，在财政资金"断奶"后，几乎都被打回原形：居民不愿自掏腰包购买分类垃圾袋，物业也缺乏动力监督垃圾分类情况，以财政注血方式推动的垃圾分类，在花了钱、赚了吆喝后，注定行之不远。

那么，上述情况会在广州"创分"过程中重演吗？这种担心并非没有道理。因此，在轰轰烈烈的"创分"过程中，在财政资金不可能保持长期、巨额、不计成本投入的情况下，我们终究要想办法建立一种长效的机制，以应

对日复一日的琐碎的垃圾分类工作。

那么，这种长效机制如何建立？要回答这个问题，一篇千字左右的评论肯定无法面面俱到，毕竟，它涉及垃圾分类、收集、运输、处理、监管诸多流程，每一环节都有很多工作要做。但在这些工作之中，有一些指导理念上的问题，是再怎么强调也不为过的。

其一，与形成声势相比，形成公开透明的垃圾处理运行机制无疑更为重要。

广州宣传垃圾分类这么多年，声势已经形成，但实际分类效果如何，官方和民间的判断可能见仁见智。就此次"垃圾分类万人行"来说，组织 1.1 万人参观广州现有的垃圾分类处理设施，包括火烧岗填埋场、李坑焚烧二厂等，声势无疑极为浩大，但效果如何尚未可知。若试图通过一次参观来说服众人支持垃圾焚烧厂的建设，恐怕是不可能的，更重要的，还是公开垃圾焚烧厂的各项数据，让公众，特别是第三方的环保公益机构，能够实时了解焚烧厂的整体运行情况并进行客观评估。

只有垃圾焚烧的各项数据公开透明，才有助于将科学理性转化为社会理性，为焚烧厂的开工运营营造更好的舆论氛围，否则，要么诉诸恐惧——"如果焚烧厂和填埋场不按期推进，到明年 6 月，广州垃圾就没地方埋了"，要么诉诸感性——"垃圾分一分，广州美十分"的宣传，并不能够真正唤起公众对于建设垃圾焚烧厂的支持。

其二，垃圾分类需要政府主导，更需要社会资本参与。

市长陈建华直言，广州"创分"的征求意见稿政府色彩太浓，缺乏全民全社会的参与。窃以为，这种全民参与不仅仅是指市民被政府部门调动起来、积极参与垃圾分类，更多的，应该是鼓励社会资本、企业参与到垃圾处理的各个环节当中。

记得前几年广州在社区推广垃圾分类时，尚不乏各类企业参与的身影，但如今，社区的垃圾分类似乎都成了政府一竿子插到底的活动，变成了城管部门和居民直接打交道，行政成本过高；而去年广州市"两会"期间，更有民营企业家高呼"民企一点垃圾都拿不到"，称处理的垃圾要花钱向事业单位购买，不能擅自回收处理——这些现象，不知眼下可有改观？

据市城管委副主任鲍伦军透露，国家部委领导评价"广州在全国搞垃圾分类，数一数二"，这份赞誉固然让人高兴，但广州的主政者应该认识到，哪怕参评垃圾分类示范城市拿了奖，广州的垃圾分类之路仍任重道远，造一时之声势远不如建长效之机制。

（原载 2014 年 6 月 9 日《新快报》）

▶ 每年近 4 亿元垃圾费没收上来，城管委应先检讨自身

广州市城管委日前向市民发出调查问卷，就"是否同意垃圾费随水费一起征收"一事公开征求意见。垃圾费征收方式谋求变化，主要原因是目前的缴纳比率过低，城管委称，随水费一起征收的话，全市垃圾费预计可以增收一倍，达到每年 8 亿元。

先抛开垃圾费随水费征收是否合理和可行不谈，单说每年有 4 亿元左右的垃圾费没收上来这件事，真是足够骇人了。这么多钱没有收上来，这种现象持续了多久？在多大程度上影响了城市的环境保洁和垃圾处理工作？工作如此不力，城管委理应先检讨自身，甚至被问责，怎么如今不见一丝惭愧，反倒迅速转移征收责任，打起将垃圾费和水费捆绑征收的小算盘呢？

广州市城管委相关负责人曾指出，垃圾费的缴纳比例并不高，"老城区能够达到 90%，新城区及城中村最差，低至 20%"。如果是这样的话，城管委本可以对症下药，想办法解决新城区及城中村的垃圾费征收问题，而没有必要全盘推倒重来，在全市范围内推广垃圾费随水费征收。

况且，随水费征收就能解决城中村垃圾费缴纳比率低的问题吗？要知道，城中村的水费征收本身就是一个难题，很多城中村尚未完成"一户一表"的改造，且水价较高，纠纷不断，在这种情况下，再杂糅进垃圾费的征收问题，很可能让事情变得更棘手。

而推行垃圾费随水费征收面临的另一个关键问题是：它在法律层面是否有依据？一项费用征收比率低，是否就可以搭便车、和征收率高的收费捆绑在一起？如果不缴纳垃圾费就给予停水处罚的话，相应的法律依据在哪里？供水企业是否有义务和城管委保持这种联动？据说深圳、中山推行了垃圾费随水费征收后，收缴率都超过了 97%，但是，在依法行政的背景之下，广州更改垃圾费收取方式，以及制定相应处罚手段时还是要给出明确的法律依据。

其实说到底，将垃圾费征收困难一味归咎于市民故意欠费显然是不公允的，因为垃圾费征收远不仅仅是变换方式的问题，它背后潜藏着更深层次的问题，是垃圾费使用明细尚不够公开透明。如果垃圾费的支出明细足够清晰、足够公开，让公众了解自己缴纳的垃圾费有多少被用在了环卫保洁，多少被

用于垃圾场、焚烧厂的运营，那么城管委在推动垃圾费的征收时可能更容易得到公众的支持。

就像这一次城管委的问卷调查，虽然体现出一定的开放性，允许公众提出不同意随水费征收的其他征收建议，但本质上，因为缺乏公开广州近几年垃圾费的各项支出明细，其征询民意的诚意还是有所欠缺，相应地，也难以获得舆论对于提高垃圾费征收比率迫切性的理解，难以在舆论中形成对欠缴垃圾费者的巨大压力。

此外，垃圾费征收倾向于随水费收取而放弃"按袋计量"的方式，可能带来的另一个隐忧是：它会不会不利于垃圾分类和垃圾减量工作的开展？如果每家每户的垃圾费都是不加区别地收取 15 元，怎么鼓励那些积极投身于垃圾分类和减量的家庭呢？城管委的思路看上去是先把钱收上来，再用于焚烧厂、填埋场的处理费用，这显然比相对烦琐的"按袋计量"节约行政成本，但其对广州未来垃圾分类和减量工作可能带来的负面影响不可不虑。

(原载 2015 年 4 月 15 日《新快报》)

▶ 关于垃圾分类，我们需要树立怎样的"广州标准"

眼看着距离年底广州申请创建"全国生活垃圾分类示范城市"只有 8 个月左右的时间了，广州的垃圾分类进展究竟如何，无疑吸引各方关注。广州市领导（陈建华）表示，垃圾处理设施建设方面势头良好，但前端"定时定点"分类投放工作的开展，需要跟上后端垃圾处理设施建设的步伐。

这句话的潜台词无非就是，垃圾分类工作的推进，远不如建垃圾焚烧厂、填埋场等项目推进得那么容易。出现这种情况其实很容易理解，毕竟，建垃圾处理厂只要符合程序，顺利推进不会遇到太多阻碍，而垃圾分类需要动员全体市民，市民的垃圾投递习惯却又不是短时间内就能明显改变的。

那么，一边是创建垃圾分类城市的考核压力，一边是前端的垃圾分类工作短期内不可能有明显进展，在这种情势之下推进广州的垃圾分类、确立"广州标准"，会不会跑偏呢？

这种担忧显然不是多余的。首先，以城管委近期酝酿的垃圾费随水费征收放弃"按袋计量"收费方式为例，这显然在很大程度上削减了垃圾分类、源头减量的意义，因为每家每户的垃圾费都是不加区别地收取 15 元的话，完全无法鼓励那些积极投身于垃圾分类和减量的家庭，这样很可能提升了垃圾费的收取比率，但打压了民众进行垃圾分类的意愿。也就是说，在垃圾收费方式上，这样的"广州标准"可能不是上佳之选。

其次看垃圾分类方法中的"广州标准"。市领导日前明确指出，现在已不是向台北、日本学习的时候，而应总结推广广州本土的荔湾区西村街等垃圾分类模式，拟"一个街一个街地推，一个街一个街地验收"。对于这样的推广效果，笔者实在不敢乐观，因为就算是本土经验，也难保水土不服的危险——如今谁还记得早些年的越秀区东湖街垃圾分类经验？垃圾分类以一个模子去套多样性的不同社区，失败几乎是注定的。

再看垃圾收运的"广州标准"。公众一直比较关心垃圾分类后，收运是否也分类的问题，对此市领导只是模糊地表示，分类收运"取得了可喜的进展"，"只要政府投入大了，车辆多了，也就能解决了"。这样的回答显然过于简单，它无法用准确的数字回应很多市民观察到的垃圾收运中的"一锅烩"现象。显然，未来拟确定的垃圾分类收运"广州标准"应该更透明，更能给市民以信心。

最后看垃圾处理特许经营方面的"广州标准"。众所周知，拥有广州垃圾焚烧特许经营权的广日集团近来深陷塌方式腐败，城管委则表示，这对垃圾处理设施建设进度的影响大概有 3 个月，现在工作进度已赶回来了，"在垃圾处理费上给了我们警醒，今后对他们的成本核算将更加严格"。

但是，垃圾处理特许经营中产生的腐败，影响的恐不只是垃圾场的建设进度问题，它更深层次地拷问着垃圾处理的特许经营制度本身是否有问题？如果创建垃圾分类"广州标准"，特许经营是不是其中一项亟待改变的标准？这是迫切需要政府部门予以回答的。

归根结底，广州要创建垃圾分类示范城市，需首先讨论我们究竟该树立怎样的"广州标准"？比如，收费标准的制定上，应能够体现出对垃圾分类和减量的鼓励；分类收运方面，应由政府先表现出诚意，承诺只要居民做到分类，就分类收运，而不是先要求市民百分百做到分类，再分类收运；而垃圾的末端处理方面，更是需要尽快打破特许经营制度，树立更开放的"广州标准"。

（原载 2015 年 4 月 21 日《新快报》）

▶ 垃圾 "前期分类" VS "后期处置"，究竟谁跟不上谁？

昨日本埠媒体上两则有关垃圾处理的新闻引发市民关注：一则消息称，广州最大的垃圾填埋场——兴丰填埋场日处理垃圾严重超标，今年5月时一度满场，垃圾差点无地填埋；另一则消息是，广州首座餐饮垃圾处理厂大田山处理厂过半设备闲置，没有垃圾可处理。

两则消息放在一起读，不免让人感到困惑，为什么会同时出现"垃圾无处填埋"和"想处理垃圾而不得"的现象呢？答案自然指向了前端的垃圾分类工作。

据报道，越秀、天河、黄埔和番禺（小谷围街）试点餐饮垃圾"直收直运"方法，上述四地餐饮垃圾的"归宿"就是大田山处理厂，但进厂垃圾中有六七成都是"不合格垃圾"，比如瓜皮果壳这类"没法处理的"厨余垃圾，"最理想的处理材料是剩饭剩菜等熟食"，未达标的垃圾只能重新运回兴丰生活垃圾填埋场填埋。

原来，我们日常分类中视为厨余垃圾的瓜皮果壳，竟是餐饮垃圾处理厂的"不合格垃圾"，并且大田山处理厂主要面向的是餐厅、机团单位食堂等地产生的餐饮垃圾，家庭产生的厨余垃圾和集贸市场产生的有机易腐性垃圾，并不在大田山处理厂的范围之内。

那么问题就来了：之前一直动员市民做垃圾分类，分出的厨余垃圾究竟如何处理的？是不是"一锅烩"地被拉去了填埋场或焚烧厂？前端的垃圾分类和后期的垃圾处理究竟有没有真正实现对接？毕竟，大田山处理厂是"首个"餐饮垃圾处理厂，今年5月才结束试运营，那么之前呢，市民家中分类出的厨余垃圾去了哪里？

此前城管委方面曾表示，随着多个餐厨垃圾处理厂将于2017年陆续投产，前端分类工作需加快步伐，与后端处理良好对接。但现在暴露出的问题似乎是，广州市民参与了多年的垃圾分类工作，但分出的垃圾，在这些项目投产前，根本无法被分类处理！

这也就可以理解，为什么城管委会热衷于推行垃圾费随水费征收而放弃

"按袋计量"收费方式，罔顾这种不加区别的收费方法会打击民众进行垃圾分类和减量的意愿。这到底是"前端分类跟不上后端处置进度"，还是"后端处置设施跟不上前端分类"，城管委的结论恐怕应该更谨慎些。

其实一直以来，对于垃圾的后端处置，官方的披露和媒体的调查都是不够的，市民并不清楚，广州究竟有哪些机构在处理垃圾，处理的是哪里来的垃圾，日处理量有多大，垃圾处理行业的市场竞争是否充分和开放……这些问题，除了官方有限的披露之外，市民能了解到的信息极为有限，直到日前媒体的报道才佐证了市民一直以来的担忧，即分类后的垃圾并没有得到妥当的分类处理。

如今，城管委反复强调垃圾填埋场的不堪重负，比如，兴丰填埋场从早期设计日处理量 2 000 吨，达到目前日处理量超过 8 000 吨，预计 2017 年后，广州市的垃圾将无处填埋，以此来证明建设垃圾焚烧发电厂的紧迫性，并不时流露出对市民"误解"垃圾焚烧技术而导致工期延误的遗憾。

事实上，市民反对的从来都不是垃圾焚烧技术，而是担忧垃圾焚烧不彻底时会生成致癌物二噁英，且这个问题在目前正运营的李坑项目中也一直没有得到很好的解决。监管如此不力，官方想再上马垃圾焚烧厂自然就会受到阻力。而根据规划，到 2017 年，至少有 5 个垃圾焚烧厂（即资源热力电厂）将建成运营，如何在以垃圾焚烧为主导、垃圾费一律的情况下依然有动力去推进垃圾分类，城管委方面想要自圆其说，并不容易。

（原载 2015 年 7 月 2 日《新快报》）

▶ 河涌水质反弹，当反思治水方式

据报道，亚运治水后告别黑臭的车陂涌近期再次返黑返臭，有街坊称车陂涌下游每天因沼气上冒，绽放出黑花，成了大"化粪池"。市污水治理公司认为，车陂涌支涌截污仍不完善、底泥污染以及生活废弃物污染是车陂涌水质反弹的主要原因。

亚运期间水质得到明显改观的河涌如今时常出现返黑返臭的现象，不独车陂涌这一条河涌。事实上，公众早已见识过一场暴雨就能让东濠涌、荔枝湾涌等样板河涌整治工程"花容失色"的模样。

可以说，河涌整治效果不稳定，水质时好时坏，已经成了广州多条河涌的现状。以车陂涌为例，去年4月曾有媒体报道"车陂涌污水翻滚臭气熏人"，去年8月时又有媒体报道"经过清淤整治，车陂涌的水质比以往好了不少，部分涌段达到游泳标准"，而上个月又有媒体报道"车陂涌河段泛红，有工地偷排红泥"……

一阵子臭气熏人，一阵子又达到游泳标准，一阵子又被偷排污染，这样的河涌整治效果实在让人摸不着头脑。细究其背后的原因，就在于河涌整治本是一个长期的系统的工程，但在我们这儿，却成了一项要求短期见效、限期完工的事儿，结果自然是迫使那些有限的治水资金被更多地投入到河涌两岸景观整治、清淤泥、调水冲刷河涌等这样能立竿见影的事情中去，以工程验收而非根治污染为治水的最终使命。

殊不知，政府部门对河涌整治的验收只是一下子的事，公众对河涌水质的验收却是长期的事。公众眼见着大手笔投入的治水工程如今返黑返臭，怎能没有"钱都打了水漂"的困惑与愤怒？严格意义上来讲，但凡现在出现水质反弹的河涌，都不能算是验收合格的治水工程，都需要检讨之前治水资金的使用绩效。因为，砸重金换来的短期"见效"现已沦为长期的"见笑"，治水效果的不可持续性让人怀疑财政使用的合理性。

有分析称，车陂涌水质反弹的重要因素之一是受征地因素影响，部分流经城中村如龙洞村、渔沙坦村、车陂村的支涌截污仍未完善，但这个因素至少在去年就被提出来了，相关部门当时也表示要在2012年年内完成4公里的车陂涌截污管道，那么，一年之后，政府部门再拿"支涌截污不完善"作为借口之前，恐怕要先向公众解释一下这一年的时间里政府方面是否对车陂涌的源头截污做了一些努力？还是干脆任由它去，无所作为？

再者，市水务局对于部分企业和市民违规向车陂涌偷排工业、生活废弃物的行为，是否加大了巡查和处罚力度？上个月媒体报道"车陂涌河段泛红，有工地偷排红泥"，但并不见相关企业受到处罚。可以想象，若执法部门对日常污染河涌的行为监管不够严格，必然导致大批企业或个人怀着侥幸心理向河涌偷排垃圾。

由车陂涌水质反弹一事，政府部门亟须反思治水方式，摒弃主要靠调水冲刷、清理淤泥等简单原始的治水方式，加强对源头污染的截留与监管，并将治水工程的验收权力交给市民，交给时间，不要把治水变为一项急于兑现的政绩工程。

（原载 2013 年 4 月 26 日《羊城晚报》）

▶ 挖深隧前，须先检讨 "雨污分流" 落实情况

广州新一轮治水大幕即将拉开。据市水务局通报，广州拟投资 250 亿元在老城区打造一主六副深隧网以解决水浸和河涌污染问题。深隧工程在内地尚属首例，目前正在初步设计阶段，如果通过人大审议，预计今年九、十月份将先在东濠涌试点开工，工期约持续 22 个月。

对老城区的治水思路，广州意欲摒弃国内普遍采取的"雨污分流"方法，一举成为首个挖"深隧"的城市，这样的思路转换不可谓不大，尤其是在建深隧并没有成熟经验可借鉴的情况下。那么，对这一治水思路的转换，水务局有必要做更多的释疑工作。

水务部门力证在老城区建深隧的合理性，称亚运前在老城区做过一些雨污分流的工作，但效果不明显，因为老城区地下空间已经被各种管线占领，另铺一套管道的可能性很小，且雨污分流后期管理工作要求较高，因此在老城区继续推行雨污分流不太现实；而深隧工程可行性和性价比较高，可以充分利用地下空间，大量减少拆迁，降低了工程实施难度，能显著提高城市排

水主渠道的行洪能力。

这样的说法，与之前政府部门力推雨污分流形成鲜明对比。在亚运前的治水工程中，广州市政府曾发布过一份《关于推进雨污分流排水设施建设的通告》，要求中心城区（越秀、海珠、荔湾、天河、白云、黄埔）雨污分流改造工程的市政雨水管网由市水务投资集团负责建设，由市建委牵头组织，市规划局、水务局和各区人民政府配合做好雨污分流改造工程的验收工作。这份 2009 年 2 月发布的通告有效期为 5 年，也就是说，这份通告至今依然有效。

那么从几年前大力推进雨污分流，到如今判定雨污分流难以为继，水务局对中心城区治水思路改弦更张之前，恐怕要首先回答几个问题，即过去这四年多时间里，老城区的雨污分流工作到底做得怎么样？是否受到足够的重视？投入了多少钱，改进了哪些设施，遇到了哪些困难？应该有具体的数据，而不是笼统地回答铺设管道难、征地拆迁难、排污监管难就完事了。水务局说雨污分流不现实，究竟是因为这个办法真不适用于广州老城区，还是因为广州在具体落实的时候工作没做到位？

在这里有必要提请各方注意的是，亚运前的治水工程中，雨污分流工程是由市建委负责的，不列入治水总规模。这多少有些让人不解，为什么雨污分流这样重要的措施不在治水工程中？是否亚运后雨污分流工程就完全搁置、没有再推进了？如果雨污分流难以为继是因为其没有受到足够的重视，没有得到足够的投入，那么现在贸然宣布其行不通，是不是不够严谨？

毕竟，雨污分流虽然面临一些困难，但其技术相对成熟，效果也经受了验证，而深隧的排涝治污效果及可能带来的地质影响都有很大的不确定因素。市水务局也承认，深隧不是万能的，总共就 90 公里长，只能提高主要河道的排涝能力，减少污染，不能解决所有问题。这就不免让人忧心新一轮治水会不会又落入"头痛医头、脚痛医脚"的窠臼中去。

公众已经看到，亚运前的治水虽然声称"强调系统性和科学性，凡是相连的河涌，都打包一起治理，先整治上游，再整治下游，以改善整个系统的水环境"，但事实上广州并没有构建起系统性的截污防涝体系，近期河涌水质频频返黑返臭就是没有系统整治的表现，那么再去挖这 90 公里的深隧能解决多少系统性的、全局性的问题，甚是可疑。

无论如何，在政府部门再拿数百亿去治水之前，有必要厘清治水思路是否要从雨污分流贸然转向挖深隧？对于近几年的雨污分流工作，是否应先拿出翔实的评估报告供公众查阅？至于水务部门现在就开始畅想挖深隧后可搬迁污水处理厂、腾挪土地来拍卖，则不免让人怀疑其醉翁之意不在酒。

（原载 2013 年 5 月 11 日《羊城晚报》）

▶ 河涌返黑返臭， 治水表彰的小红花还能要回来吗？

广州新一轮治水大幕即将拉开。据报道，广东省环保厅于今年3月再投28亿元，制订广州水污染治理的专项方案，重点治理广州辖区40条重污染河涌。方案要求，确保到2015年珠江广州河段"亲水节"水质达到Ⅲ类，2020年在丰水期水质达到Ⅲ类的目标。与此同时，广州市也于近日召开水污染整治现场会，要求做好充分准备迎接新一轮的治水攻坚战，确保所有河涌劣Ⅴ类水质到2015年全部消灭。

这是继亚运前"一天一个亿"治水之后，广州开展的第二轮大规模治水战役。那么在又一轮治水之前，相关部门必须要回应的问题是：为什么之前已交出"主要河涌水质明显好转"的成绩单，也已隆重表彰过治水功臣，现在却又来伸手要钱？这次治水会不会重蹈覆辙，把钱花光后宣布水质明显好转，然后过几年待河涌返黑返臭时再要钱整治一轮？

无论从逻辑上还是情感上，公众都不大能接受这样的事实：花费数百亿整治过的河涌又出现返黑返臭的现象，这无疑是河涌整治的噩梦，类似之前水浸街整治中"摁下葫芦起来瓢"的游戏，会使得河涌整治变为吸金的无底洞。

根据相关部门近期低调公布的亚运前整治过的113条河涌水质监测结果：对比2010年8月的水质，55条河涌水质有所改善，14条持平，44条变差，也就是说，有将近四成治理过的河涌水质变差。

若不是为了继续以治水的名义要钱，估计这样不光彩的数据是不大会被披露出来的，那么，现在披露出这样的数据，算不算对之前治水成绩单的否定和讽刺呢？已经颁发的治水表彰"小红花"可以要回来吗？估计相关部门是不会认账的，因为治水成果已经圆满接受了领导视察检验，甚至治水博物馆的"丰碑"也已经立起来了，现在水质反弹，也不能抹杀之前的"成绩"，况且，谁去追这个责？

一旦水质返黑返臭也不能影响之前的治水效果评价的话，就必然会让新一轮的治水沿袭以往急功近利的做法，即把大量的资金用于河涌两边的栈道、景观修整，以及领导视察或工程验收之前的清淤、调水、补水等工作，而不是用于排水、截污设施的修建，或城中村垃圾、污水的收集处理等基础性设施的修建。有市民反映，海珠湖与大塘涌之间的水闸，只在有领导来视察的时候才打开。

汲取上一轮治水的教训，新一轮广州治水有必要对预期目标进行调整，即不能仅仅以水质达到Ⅲ类或消除劣Ⅴ类为标准，因为公众已经看到，水质暂时好转的背后可能是巨额的投入、不可持续的改善，是可以通过采取短暂措施来营造的假象，甚至评价水质是否达标本身也是很可疑的。有媒体报道称，广州官方所称的"珠江广州河段稳定保持在Ⅳ类水平"这一说法与环保部门公开的"珠江水质徘徊在Ⅴ类或劣Ⅴ类的极差水质区间"的说法矛盾，官方数据本身若是这样不可靠，成了可以随意揉捏的橡皮泥，那么仅仅以水质是否达标来检验治水成果就更不可靠了。

既然如此，倒不如将治水目标设定在完善基础性设施上，比如对城中村的垃圾和污水处理建立相应的处理厂，对河涌两岸的污染源给出明确的退出时间表，确保河涌两岸不再出现新的污染源，严防严治偷排污水行为，做好截污排水管道的铺设等。相信只要做好这些基础性硬件设施的完善工作，河涌水质虽不会有大跃进似的改善，但一定会迈入循序渐进的改善轨道。

不少市民呼吁应该像公开空气质量监测数据一样，公布珠江和河涌的水质监测数据，这个建议甚好，这样市民对河涌水质的情况就有了长期了解，领导视察前谅相关部门也不敢突击清淤调水以改善水质了。最重要的是，水质什么时候有了根本性的好转，公众可以监督，可以有自己的评价，到时就由市民来决定要不要给治水部门奖励一朵小红花了。

（原载 2013 年 5 月 17 日《新快报》）

▶ 深隧工程会出现河涌返黑返臭的后遗症吗？

在连续多日遭遇暴雨侵袭后，广州的多条河涌又重现污水横流、臭气熏天的场景——"每逢大雨，河涌必臭"已成广州河涌的常态。不过，当看到往日碧波荡漾、有"羊城新八景之一"美誉的荔枝湾涌也遍布污物时，街坊们到底还是有些受不住了，在微博上一顿狂吐槽。

其实街坊们倒也不是第一次见识荔枝湾涌被暴雨"卸妆"了，自荔枝湾涌揭盖复涌、成为景观河以来这几年，每逢雨季就有类似惨不忍睹的局面出现。相关政府部门也曾表示，在周边未实施雨污分流前，荔枝湾涌短时期内仍要承担泄洪功能，"要解决这种现状，最根本的办法还是加快荔枝湾涌二期的建设工作，实现该水系的雨污分流"。

不过，不知从何时起，解决问题的"最根本的办法"就从先前大力倡导的"雨污分流"变成了如今的"深隧工程"，类似荔枝湾涌、东濠涌、猎德涌、车陂涌这样遭遇初雨和溢流污染的景观河涌，都不再继续采用"雨污分流"的治理办法了，而是要分别建深层隧道排水系统，因为专家又说了，深隧工程是治理污染的一个根本性措施。

不得不说，这样的逻辑转换真是挺强大的：景观河涌的返黑返臭非但没成为对以往治水不力的追责证据，反而成为更换名头继续开展新一轮治水工程的理由。之前采用"雨污分流"的思路来治水时，相关部门可是信心满满地表示，这是"标本兼治"的方法，没听说还会出现河涌返黑返臭这回事，反而是等到暴雨"卸妆"揭开了河涌整治真相，相关部门才出面承认"雨污分流"做得不彻底——你们兴高采烈领治水表彰奖状时怎么绝口不提河涌会频繁返黑返臭呢？

如果说河涌返黑返臭是"雨污分流"不彻底而导致的后遗症，那么深隧工程能否避免重蹈覆辙？对建设深隧可能带来的后遗症，相关部门有没有什么预警？可别等着暴雨"卸妆"揭开画皮了，才来承认深隧也有这样那样的不足。如果什么后遗症都能找借口搪塞过去的话，城市治理又有什么科学决策可言呢？

对于即将上马的深隧工程，专家说可以消除流域内七成以上的初雨和溢流污染——七成以上就可以叫"根本性措施"了？这成效相比数百亿的深隧建设投入，是否划算？那无法消除的"三成"初雨和溢流污染，是不是在为河涌返黑返臭埋下伏笔？这些疑团，还请相关部门在深隧开工之前先一一解答了。

在某种程度上，我真是挺爱广州的暴雨的，河涌整治、无根树、APM线站台漏水等，无不是被暴雨一个接一个地揭了画皮，暴雨简直是城市工程验收中最尽职、最铁面无私的检验师。看来，未来待深隧建好之后，也要等几场暴雨检验一下成效，若是没经过暴雨检验，就别费心搞什么治水表彰大会了！

（原载 2013 年 5 月 24 日《新快报》）

▶ 巨额投入换来劣 V 类， 河涌整治该如何"充分肯定"？

广州市环保局昨天公布了第一批 50 条（54 段）河涌 5 月份水质信息，其中 39 条河涌，包括曾花巨资整治的东濠涌、荔枝湾涌、猎德涌等，水质现状都属于劣 V 类，占总数的 78%。广州市环保局表示，今后每月上旬将定期公布河涌水质监测信息，市民可在市环保局官方网站查询。

今后每月定期公布河涌水质信息，环保局这一举措与市民之前呼吁的"像公开空气质量监测数据一样公开河涌水质监测数据"相呼应，深得民心，值得肯定。但从首次公布的信息来看，河涌水质情况实在让人忧心和不解：曾经的多条样板河涌如今竟都是劣 V 类水质，曾被隆重表彰的治水成果几乎是被"集体清零"，要从头开始新一轮的整治。难道这就是之前"一天一个亿"的治水工程所留下的遗产？

在广州新一轮治水攻坚战打响之前，不少市民都希望能对之前数百亿的治水资金使用绩效进行重新评估，因为巨额投入的河涌如今集体返黑返臭，实在让人难以接受，但官方一直对此充耳不闻，公众也只能无奈接受新一轮治水从头开始的无奈局面——从劣 V 类水质开始整治，这已是差得不能再差的水质，低得不能再低的起点了。

新一轮治水与上一轮"一天一个亿"的治水工程有着几乎相同的起点，那么，它是否能避免上一轮治水后河涌集体返黑返臭的终点呢？目前来看，政府部门尚未公布出足够的措施让公众有此信心，至少从治水评价标准来看，政府部门依然只采纳了"功能区水质目标达标"这一项标准。

而我们从上一轮治水经验（其实说"教训"更为准确）中可以知道，要让河涌水质在治水工程结束大限前达标并非难事，通过上游补水、清理淤泥、冲刷河涌等方式，都能使水质有立竿见影的改善，迅速达到治水目标。而一旦验收完成，这一轮治水宣布结束，水质反弹就成为必然，因为基础性的源头截污、管道铺设、垃圾和污水处理等都没有真正投入足够的资金去治理，时间一久，自然也就露馅了。

因此，环保局在每月公布河涌水质信息之外，更要公布与治水相关的那些基础性工程的进展情况，具体包括关停了哪些污染源，铺设了哪些排污管道，对河涌旁的城中村的垃圾与污水处理情况进展如何等，都应及时公布，且避免反弹。相信这些基础性的工程做好了，河涌水质的循序渐进改善就会是水到渠成的事。

市环保局期待"公开发布信息能更好地促进全市治水工作，让更多的市民更加关注、更加关心和更多参与到我市水环境治理工作上来"，这种表态自是值得赞赏，但也需要环保局提供参与的渠道，特别是监督的渠道。如今环保局开始按月公布河涌水质信息，或能在一定程度上避免突击改善水质以迎接领导检查和验收的可能，但对于治水资金使用的监督，对每项治水工程进展的监督，公众依然缺乏相关的信息和渠道，有待环保局进一步的信息公开。

（原载 2013 年 6 月 14 日《新快报》）

改善河涌水质，比整饰绿化更重要

报载，备受关注的东濠涌中北段（二期）景观升级方案于日前提交东濠涌公咨委审议，这项总投资 8.35 亿元的工程，将拿出 1 亿元对沿线桥梁、围墙、植被及建筑外立面等进行升级改造。有公咨委委员反映方案太繁杂，须进一步审议再提出修改意见。

总投资 8 亿多元的东濠涌二期整治工程，竟拿出 1 亿元来搞沿线的绿化和整饰，这样的治水思路几乎是在重蹈上一轮治水的覆辙，即河涌两岸搞漂亮了，水质却仍是劣 V 类，完全的本末倒置！

在上一轮"一天一个亿"的治水工程留下一批水质为劣 V 类的河涌之后，公众本以为这一轮治水会吸取教训，将工作重心放到基础性的源头截污、管道铺设等工作上去，谁知竟还是这样不知悔改，特别是听说这次的景观升级方案计划把三年前东濠涌一期整治时设置的朱紫寮绿道围墙重新改造，弄成融入青砖、书法元素的湛家花园文化墙——如此折腾，实在让人难以接受。

估计包括笔者在内的很多广州市民都在纳闷：为什么多条像东濠涌这样大手笔投入的广州治水工程，总是一遍一遍地围绕绿化、沿岸整饰原地转圈，在治水上却几无建树，广州治水是不是请错了包工队啊？说起景观改造就头头是道，什么"沿线 14 桥：一桥一景一故事"，什么"利用雕塑、碑刻、瓷画、景墙、沙盘等手法展现东濠涌的历史文化"，为何很少听到他们向公众汇报河涌改造中的基础性工程开展得怎样了？截污、揭盖复涌、调水补水、雨污分流等工作做得如何？有什么周密、有效的方案没有？相关部门好容易搞出个"深隧"，其可行性还是饱受质疑的。说到底，在治水这件事上，广州究竟能不能专业一点？

对于东濠涌二期的景观升级方案，目前虽有东濠涌公咨委委员对此提出"进一步审议和修改"的意见，但这一意见能有多大的效力，恐不容乐观。毕竟，公咨委在成立之初就明确了其职责是："咨询、监督、解释、客观评价"，其中并无"否决"这一权力，因此，就算部分公咨委委员有反对意见，就算不少市民反对这一劳民伤财的折腾举动，东濠涌二期花 1 亿元来搞景观升级改造这事怕也是难以改变了。那么更进一步，会让近来颇受追捧的"公咨委"地位变得十分可疑和尴尬。

归根结底，没有干净的河涌水就没有景观可言，两岸景观再怎么升级，河涌水质若是劣 V 类，那也无非是更突显出"靓池子装粪汤"的滑稽罢了。所以，奉劝各相关治水单位，先不要急着整治河涌两岸的景观，尤其不能劳民伤财地反复整治两岸的景观，先把河涌水质彻底治理好了再说，须知河涌水清才是最好的景观升级工程。

（原载 2013 年 7 月 2 日《羊城晚报》）

▶ 没有问责，谁来担保新一轮治水不会重蹈覆辙

曾被充分肯定、隆重表彰的广州亚运期间治水工程如今正面临着越来越强烈的质疑。随着更多信息的逐渐披露，公众惊愕地发现，当初"一天一个亿"的治水工程留下的手尾恐不只河涌返黑返臭这么简单。

首先是数百亿治水资金的使用问题。距离亚运治水结束已有三年时间，但蹊跷的是，至今亚运治水到底花了多少钱仍是个谜，水务局一直以 2008 年年底的计划项目和资金安排回应公众的询问，但同时又承认雨污分流和全面截污并没有按计划全面实现。既然计划赶不上变化，那么最终的治水资金是

比计划安排的 486.15 亿元多了还是少了，水务局岂能没有个交代？如果上一轮治水结束三年后仍拿不出清晰的账本，我等纳税人又凭什么继续把钱交给他们治水呢？

不但治水资金总数是谜，资金内部安排使用的合理性同样饱受质疑。连市水务局的相关负责人也不止一次地私下表示无奈：太多的资金用在了河岸景观建设上，而没有真正花在污水治理上。此外，雨污分流计划仅完工三成，节省下来的上百亿资金至今去向不明。还有人大代表发现，部分河涌景观存在建好又拆、拆了又建的折腾情形。

就是这样混乱的资金使用，竟然通过了监察和审计部门的审计，据称广州市监察和审计部门全程监控治水资金使用情况，审计结果称没有发现违规情况，但资金的具体流向则一直没有公布。那么在当前治水资金使用饱受质疑的情况下，监察和审计部门理应向社会公开审计结果，让我等纳税人明白，每一分治水资金都是怎么使用的。说到底，治水这笔账若弄不清，河涌水必然是清不了的。账清，河涌水才可能清；账不清，河涌水臭几是必然。

现在看来，亚运治水可谓问题重重，但市水务部门依然"死鸭子嘴硬"，称不同意亚运治水"治标不治本"的说法，甚至提出"亚运治水的成绩还是比较大的"，"目前的河涌水质情况出现反复反而从另一面印证这个结论"——水质反弹成劣 V 类竟也可以反过来证明亚运治水的成绩，这样的逻辑论证除了用"天雷滚滚"来形容之外，已经让人无话可说了。

说实在的，说亚运治水"治标不治本"都已经是高抬它了，以河涌景观整治为例，这算"治标"项目吧，但记者走访却发现，市区多条河涌周边的景观都存在不同程度的荒废、破损，而且一些河涌臭水横流，街坊都不愿意在河涌边散步，河涌景观名存实亡。

如果水务部门至今仍无视亚运治水的惨痛教训，不能公允评价，依然自欺欺人的话，那么这新一轮治水，公众真是难以对水务部门抱有什么期待。虽然水务局长丁强表示，广州下一步不会再有"大跃进"式的"治水运动"，会以每条河涌为对象进行"标本兼治"，但已经确定的新一轮治水目标——"确保所有河涌劣 V 类水质到 2015 年全部消灭"，分明又是急功近利的，提出这样的目标，水务局果真有信心完成吗？到时会不会又像亚运治水那样，搞一些"临时性措施"，待验收完后过几年再申请资金、再来一轮治水？

当然，还是有部分善良的市民对水务部门的治水寄予厚望的，称"希望你们能当好现代大禹，把河涌、水浸街治理好"，而广州市水务局局长丁强则坦言，"广州的大禹可不好当，大禹的老爸就是因为治水失败被砍了头，后面才有了大禹治水，子承父业"。

关于大禹及其父亲的这段典故，笔者没有考证，但宁愿相信水务局长所言，看来局长大人也认识到，没有性命堪忧的严厉问责，大禹治水也未必能取得成功。如今现代社会虽不需要为治水搭上砍头的风险，但为治水建立起有效的问责制，一旦水质反弹就追究相关责任人的责任，还是可以做到的。有严厉的问责才可能有负责任的行动，这应是亘古不变的真理。

（原载 2013 年 7 月 4 日《新快报》）

▶ 东濠涌深隧环评： 请用专业回馈公众信任

长达五万多字的深隧工程东濠涌试验段环评文件日前开始在广州市环保局网站上进行公示。环评报告认为，深隧工程施工及运营可能对地下水造成影响，继而诱发地面塌陷（风险"中等"），但环评同时认为，工程可行，在采取相关措施后，发生地面沉降的可能性很小。

在讨论东濠涌深隧的环评报告之前，我们可能首先要注意到，东濠涌深隧工程已经是 2013 年广州市"十项要实施的重点工程"之一，顶着这样的头衔进行环评公示，难免容易激起公众的逆反心理：又是"重点"，又是"要实施"，那还让我们参与什么？虽说深隧工程目前还未通过人大审议，"要实施"与"铁定实施"之间也未必有必然的因果关系，但政府部门强力推进深隧工程的意图还是昭然若揭，公众产生"先斩后奏"的背叛感也就毫不奇怪了。

伴随环评报告一同出炉的，还有深隧工程的公众问卷调查结果，结果显示，逾九成被调查人员支持建设深隧，只有一位被调查者认为没必要建设深隧，而且"在两次环评信息公示期间，没有公众对此项目提出异议和反对意见"。

印象中官方公布的市政工程公众支持率似乎没有低于八九成的，好像只要是官方出手调查，多数公众都乐于举双手双脚赞成似的。对这样的高支持率，有媒体质疑，那前段时间一些老专家在媒体上对深隧工程发表的不同意见不算反对吗？对此，市水务局表示，环评报告中应该指的是"没有通过公开渠道获得明确反馈"。

呵呵，是的，哪怕你在媒体上公开表示反对了，也不算"公开渠道"，你只有拨打官方指定的热线电话，或者到官方指定的地点当面反馈，才算表达了你的意见，其他什么网络发帖、报刊发言，在官方眼里是通通不作数的，不能作为正式反对意见整合到公众调查结果中去。

但很有意思的是，官方显然又是知道深隧工程的反对意见不可能只有调查中呈现的这么少，所以我们看到市水务局长带着技术人员亲自拜访那些对深隧工程持谨慎态度的各领域专家，听取他们的建议，并进行技术方面的解释。局长上门做工作的诚意是否能把专家说服、说通，我们不知道；唯希望水务局抱着开放的态度多听专家的反对意见，而不是抱着项目必上的信念去说服专家站在自己这边。

东濠涌深隧环评，让人很容易联想到去年底搁浅的白云山隧道修建一事。这两起事件有很多相似点：它们都是只注重征求沿线个人和单位的意见，仿佛东濠涌和白云山只是属于周边那部分人的；它们也都收获了很多反对意见，其中不乏尖锐的声音。

但据笔者悲观预测，想让东濠涌深隧如白云山隧道那样被叫停的可能性不大，因为其周边受影响的居民难以如白云山隧道事件中直接受影响的公众那般抱团提出反对意见，并运用社交媒体进行大范围的动员、游说，反对意见无法汇集，其被忽视也就成为必然。

而且，白云山隧道事件中，因为白云山与广州人之间天然的情感联结，公众很容易判断出凿隧道不值，但东濠涌建深隧，其可能带来的风险与影响，公众并没有直接的感知，更缺乏专业的知识，全凭环评单位界定和判断，而一旦环评出现大的纰漏，为之买单的却是广大市民。所以说，东濠涌深隧工程，公众仰仗环评单位的专业，也请环评单位用专业回馈公众的信任，环评单位现在得出"工程可行"的结论，是否准备好为之负历史责任呢？

最后需提请公众注意的是，从环评报告中可知，东濠涌深隧工程只是一项"季节性"发挥作用的工程，它在旱季的时候不启用，因为依靠现有的污水处理系统就足以应对了——那么，投资 7.7 亿元建这 1.77 公里的深隧果然十分必要吗？况且深隧工程只能"削减东濠涌和新河浦涌流域雨季合流污水和初期雨水 70%～80% 以上的污染"，之前已有评论质疑这是否意味着深隧仍不能避免未来东濠涌返黑返臭的结局，但建设方面没有回应。

（原载 2013 年 7 月 11 日《新快报》）

▶ **东濠涌深隧上马前， 有必要再听听那些反对意见**

几乎是毫无悬念地，深隧东濠涌试验段工程日前通过了广州市环保局的环评。环评认为，深隧工程对空气、地表水、地下水等方面产生的不良环境影响，在采取适当措施后，能得到有效控制，因此项目建设可行。

之所以说深隧环评"毫无悬念"地通过，其一是因为一个多月前环保部门已埋下伏笔，称深隧环评公示期间"没有公众提出异议和反对意见"，完全罔顾不少专家和市民通过大众媒体表达出的反对意见；其二，深隧项目是"2013年广州新型城市化建设十大重点工程"之一，"重点工程"会被环评卡住？这种可能性可以说微乎其微。

环评通过，这项投资7.7亿元的全国首个地下深层隧道项目预计年底就将开工，当此之时，或许有必要再听听那些反对深隧工程上马的声音。

譬如，广州地理研究所研究员、享受国务院津贴专家李平日指出，广州是国内修建地铁的城市中地质最为复杂的一个，挖深隧更需谨慎，而深隧环评对水文地质的勘察程度还远远不够；地质专家詹松认为，深隧造价较高，解决水浸问题有限，水务部门应给出其他比选方案；原广州市政园林管理局副总工程师冯海涛更是直言，深隧只是一条深埋的贮污管道，无法解决东濠涌黑臭和排涝问题，河涌污染原因不在设施不足，而是管理缺失……

列举这些专家的反对意见，是想提请环保部门予以重视，督促建设单位能真正落实好相关措施，避免深隧建设对环境带来不可逆转的破坏；同时，更是想在诸多反对意见无效的情况下，给历史留一份备忘，唯愿这些专家的担心不会一语成谶。

其实，对于这一全国"首个"地下深层隧道项目，无论是赞成的还是反对的专家，他们应该说都是缺乏足够经验的，此前曾有舆论呼吁深隧环评要"用专业回馈公众信任"，如今环评机构采纳了赞成者的意见，为深隧建设放行，那么这一决定是否对得起公众信任？又是否做好了对历史负责的准备？据称市环保局非常重视深隧环评，环评报告经过专家组三次技术评估会议讨论，并通过了环保局重大建设项目审批委员会集体审议。环评的集体决策固然有集合群体智慧的优势，但同时会不会也造成责任主体的模糊呢？

之所以提到责任主体的问题，是有感于当前广州城市建设中太多出了问题的项目找不到相关的责任人问责，哪怕是近几年才投入的新项目，也落入无人被追责的局面，由得那些政府官员们躲在集体决策的背后，把纳税人的钱拿来做试验。亚运城中沦为摆设的太阳能热水系统、金沙洲闲置的真空垃圾收集系统、大学城和珠江新城里被弃用的集中供冷项目、建了一条没法推广的 BRT 和 APM 线路……太多的前车之鉴，让纳税人不能不担忧：深隧工程会不会重蹈覆辙？广州未来计划要投入 250 亿元建设总长 90 公里的 8 条深隧，这一蓝图果然能实现吗？抑或建了东濠涌这一段试点后就发现问题多多无法推广了呢？

市长陈建华曾说，市政工程在可行性研究之外，也要注重"不可行性研究"，遗憾的是，从目前城中建设项目的研究论证来看，依然是背书的多，唱反调的少，常常是政府部门提出什么工程，什么工程就能顺利上马。水务部门不妨扪心自问：深隧工程果然是穷尽了任何其他可能之后、最为可行的河涌整治办法吗？

（原载 2013 年 8 月 30 日《新快报》）

▶ 东濠涌深隧，再论证几年又何妨？

深隧东濠涌试验段工程的环评虽已通过，但关于深隧是否可行及必要的争论显然并未停止。广州市政府日前召开座谈会，邀请对深隧工程持正反两方面观点的专家及代表委员当面交流讨论。市长陈建华表态称：要把不赞成的专家意见进行梳理，在试验之前必须搞清楚、回答好，不能遗留任何一个问题。

联系上月底笔者在《新快报》发表的文章《东濠涌深隧上马前，有必要再听听那些反对意见》，此次市政府召集专家进行观点 PK，多少让民众感受到了政府方面对深隧工程决策的审慎，以及对公共舆论的重视，值得肯定。但问题是，从目前的市长表态来看，专家的反对意见似乎只是被作为完善深隧工程方案的建议来对待，恐怕并不能真正影响到深隧项目上马的进程。

东濠涌深隧的构想去年 7 月才提出，今年 8 月就环评通过，年底预计就要开工，而伦敦的深隧方案研究了 5 年，到现在也没有搞完，两相对比，我们的深隧工程是否有些操之过急了？建深隧可能带来的相关问题果真都考虑清楚了吗？至少从环评通过仍需召开座谈会听取意见这一举动来看，政府部门还是有所顾虑的，而环评报告也没能以自身的专业性说服部分专家和公众。

如今市长要求相关部门对专家的反对意见"搞清楚、回答好"，这一要求固然没错，只是公众仍有疑虑：如果反对意见不能被说服怎么办？是暂停深隧工程上马，召集专家继续论证；还是坚持推进，让那些反对专家一边凉快去？笔者以为，这其实就需要回到问题的最初来探讨，即深隧工程是否是整治广州老城区水浸及河涌污染的唯一选择？

深隧工程被提出的最初，原本是为了解决老城区的水浸及河涌污染问题，但后续的讨论经常跑偏，总是跳过深隧"必要性"这一问题，直接进入深隧"可行性"的相关讨论。只是，为什么水务部门要建设深隧而放弃了之前的"雨污分流"改造方案？深隧和雨污分流是解决问题仅有的两个选项，必须"二选一"吗？

譬如原广州市政园林局副总工程师冯海涛指出，目前已有的渠箱，事实上就是所谓的"浅隧"，他质疑"为何现有设施不利用，就急于深隧开工"？城管办原副主任李治平认为，如果解决好现在的管理问题，东濠涌的问题就能解决。地质专家詹松也认为，深隧解决水浸问题有限，水务部门应给出其他比选方案……

专家们的意见都直指问题的最初，即深隧工程果然是穷尽了任何其他可能之后最为可行的解决水浸及河涌污染的办法吗？至少目前来看，水务部门在抛出深隧方案之后，似乎没有为公众提供更多的比对选项，并试图将深隧方案简单复制到其他地方。

可是，如果回到老城区水浸及河涌污染治理这个问题的最初来探讨解决方案的话，我们本可以要求政府部门多提供一些选择方案，最好能因地制宜地根据不同水浸点和不同河涌的情况来给出相应的方案，同时，对于部分专家指出的因管理不善而导致的水浸问题，应先行整改，如果改善了管理就能有效解决水浸，深隧要不要建就从根本上变成了伪问题。更何况，深隧也不是万能的，之前的预计是它只能消减流域内70%以上的初雨和溢流污染，而且只是季节性发挥作用——这样的治理效果是否足以论证其开建的必要性，更是让人存疑。

归根结底，东濠涌深隧，再论证几年又有何妨？想清楚了再动手，无论如何都比贸然开工留下烂摊子、再花钱去收拾强。更何况，有些烂摊子，根本就无从收拾。

（原载2013年9月6日《新快报》）

▶ 讨论建深隧前， 应先把 "浅隧" 改造利用好

备受关注的广州深隧项目日前再次召开规划咨询会，邀请国内外 20 位专家为其"把脉"。据会上首次披露的深隧整体规划方案，未来将建成一主六副隧道和一座大型初雨处理厂，隧道总长 86.42 公里，建成后排水标准从现在的 0.5~1 年一遇提高到 5~10 年一遇。

印象中，类似深隧项目这样，部分试验段已经通过了环评，且定下了年底开工的工程，仍在就规划方案反复开会征求意见，甚至邀请工程院院士、国外专家参与"把脉"的做法，在广州并不多见，这或许从一个侧面说明了深隧项目一直以来面临的巨大争议，也能在一定程度上体现政府决策的审慎态度。

不过，从获邀专家大多"赞成深隧规划、催促东濠涌试验段尽快启动"这样几乎一边倒的局面来看，深隧项目的讨论再一次绕过了"建设的必要性"这一关键问题，而在"如何建设"这样技术性、枝节性的问题上越走越远，这无疑让这次咨询讨论会的意义打了折扣。

其实会上已有中国工程院院士王梦恕、中国城市规划设计研究院院长李晓江等专家指出，深隧工程上马前，应先改造和完善广州的浅层排水系统（即相对"深隧"而言的"浅隧"），如果浅层排水系统的改造没做好，内涝时出现的积水很可能无法排到深隧里去；但目前深隧规划中并没有对浅层排水系统改造进行评估，需要多少工程量、需要多少钱都是未知数。住房和城乡建设部城建司巡视员张悦更是直言，广州应把山洪水、河涌水、地下水等问题综合分析一下，发现现有系统不能解决问题了，不得不用深隧了，这个逻辑才正常，而不是"就深隧论深隧"。

这些意见在一定程度上与之前广州本土反对深隧上马的专家意见不谋而合，因为早有声音指出，目前广州的浅层排水系统都还没有利用好、管理好，若浅层排水系统的问题解决好了，深隧建设还有无必要性都是可以再商榷的。由此看来，水务部门的当务之急，应该是检讨当前浅层排水系统的利用问题，出台有针对性的改造方案，讨论一下这些"浅隧"的改造效果，而非像现在这样，蛮横设定了"我要建深隧"的唯一议题，在深隧建设可行性的讨论中

越走越远，而忘了当初为什么出发。

深隧规划讨论中另一个值得关注的细节是：主隧沿途的三个污水处理厂都要拆掉，这是否合理？如果联系水务局早前透露的设想——搬迁三个污水厂，腾出 80 万平方米建设用地，赚 300 亿~400 亿元资金来解决深隧资金问题，就难免让人怀疑：拆污水厂的主要用意似乎是为了赚取更多的卖地收入。要知道，卖地赚取的 300 亿~400 亿元资金支付完 250 亿元的深隧投资还有一大笔结余呢，这样的项目，谁不想做？

最后特别想提请关注的是，深隧项目论证开了这么多次会、讨论了这么久，一旦真的拍板开工了，相关的与会专家、政府工作人员各自应该承担起怎样的历史责任，这个问题有没有考虑过？还是说相关人士都觉得躲在集体决策背后是安全的、都不必负责任？要知道，一旦深隧项目出现问题，外地专家或可拍拍屁股走人，我等普通市民还是要生活在此地的。

归根结底，关于深隧项目，广州若要做内地城市中第一个吃螃蟹者，唯愿相关的论证细化细化再细化，决策审慎审慎再审慎。

(原载 2013 年 10 月 22 日《南方都市报》)

▷ 石井河整治逾 14 年，如今才来搞情况摸查？

报载，广州市水务局日前发布招标公告，拟用一年时间编制《石井河流域水质保护规划》，全面摸查石井河流域污染源情况、水质现状，并给出水质保护办法。该规划项目预算为 160.5 万元。

这消息着实让人大吃一惊：广州自 2000 年就开始治理石井河，迄今已有 14 年，为何现在才开始做污染源情况调查？这是否意味着之前对石井河的治理都是在没有摸查清楚的前提下拍脑袋做的？之前为石井河整治投入的几亿元资金又该如何向纳税人交代？

根据资料统计，2000 年至 2008 年，广州为治理石井河投入 1.8 亿元，主要侧重堤岸建设，但治理效果并不明显；2008 年底至 2013 年，广州又投入 5 亿多元用于石井河、新市涌干流及相关 28 条支涌截污工程，其中 3 条支涌完全截污，另 25 条支涌只是部分截污或没有任何截污措施。

而从目前石井河依然劣 V 类水质的现实来看，自 2000 年至今投入的近 7 亿元整治资金可以说是彻底打水漂了，但水务部门显然没有放弃对石井河整治的努力，根据该部门近期接连发布的数个招标公告，新一轮石井河治理行动的招标总额将超 35 亿元，包括浅层渠箱、截污管铺设等工程。

在对石井河过往近 7 亿元治水资金投入没有反思、追责的情况下，水务部门如今又要追加 35 亿元治理石井河，这其实是很让人担忧的。公众如何能相信，新一轮的石井河治理不会重蹈覆辙、再出现返黑返臭呢？治水资金的使用绩效与责任追究，到底有没有个说法？

有水务专家曾说，"如果连石井河都能治好，广州就没有治不好的河涌"，由此可见石井河治理难度之大。更有报道援引法国塞纳河、英国泰晤士河的治理都花了 30 年左右的例子，来说明河涌整治非一朝一夕就能解决，希望公众对于广州的河涌治理给予足够的耐心和时间。

这些道理公众其实不难理解，但现在公众最担心的是，之前石井河的治理会不会是在没有摸清情况的前提下盲目进行的，且已为此白白浪费了十几年的时间呢？否则，该如何解释水务部门现在才发布招标公告，要花 160 万元来摸查石井河污染源情况？再者，摸查污染源情况、制订相应的治理方案要耗时一年才能完成，但与此同时水务部门现已开始对石井河的截污管铺设等工程进行招标，这二者之间有无矛盾？铺设截污管之类基础性工程要不要等情况摸查清楚后再进行？这些问题，还希望水务部门能予以进一步解释。

其实，公众并非不能接受河涌整治需要几十年时间这一现实，公众真正不能接受的，是太多像石井河这样的河涌，刚刚在亚运治理中脱下"脏臭之帽"，三年过后就故态复萌。公众宁愿河涌整治是循序渐进进行的，而非先欢天喜地地宣布河涌治理效果显著，待河涌水质反弹时，又来向纳税人伸手要钱，让河涌整治一次次回到原点。

（原载 2013 年 11 月 7 日《新快报》）

▶ 治水不治本， 投入恐成无底洞

　　本埠有媒体对广州市环保局自今年 5 月开始每月公布一次的河涌水质监测信息进行盘点，发现在过去的半年时间里，被监测的 50 条河涌中仅有石榴岗河、花地河 2 条河涌的水质出现持续变好的情况；而在刚过去的 10 月份，有程界涌、棠下涌等 8 条河涌的水质出现大幅滑坡，为过去半年水质超标状况最严重的一个月。

　　从媒体报道中得知，"截污不彻底"是不少河涌水质反复的共同原因，天河区的程界涌，白云区的新市涌、白海面涌等污染严重的河涌，概莫能外。

　　可是，截污不彻底、水质会反弹，这并不是什么复杂难寻的原因，而是最基本的常识；况且对广州多数河涌而言，截污不彻底是一直存在的，那么，为什么在河涌整治已进行多年之后，"截污不彻底"仍然被拿来作为水质反弹的借口呢？这又该如何解释之前相关部门在总结"一天一个亿"治水成果时所得出的"主要河涌水质明显好转"的结论呢？他们难道不知道，在截污不彻底的前提下，所谓的"河涌水质明显好转"都是不可持续的瞎话吗？这也就难怪最近有舆论质疑：石井河为何在整治 14 年后才来做污染源情况摸查？这是否说明以前的河涌整治是在连污染源都没摸查清楚的情况下盲目推进的？

　　在经历了"一天一个亿"的治水战后，广州于今年 5、6 月间又拉开了新一轮治水大幕。据称截至 2016 年要再投入 140 亿元用于治水，那么，这新一轮的巨额治水资金该怎么花，治水方案该如何确定，市民无疑非常关心。因为市民实在担忧，这一轮治水资金若像之前那样闭门决策，被用于堤岸整治之类的装饰性工程，而非用于铺设截污管道等基础性工程，那么治水投入就会再一次打了水漂。

　　可惜遗憾的是，从目前零星披露的治水资金使用方案来看，大量的治水资金已经在没有接受社会公开讨论的情况下被确定了用途。如：石井河治理行动的招标总额将超 35 亿元，包括浅层渠箱、截污管铺设等工程；东濠涌净水厂的三年运行养护服务招标采购预算为 1 122 万元；东濠涌深隧试验段预算投入 6.9 亿元，而整个深隧项目预计投入 250 亿元……

　　那么，这些资金的使用是否合理？治理方案又是否科学？公众没有办法了解相关的细节，自然无从参与讨论。其中争议最大的深隧项目，虽然舆论不乏反对意见，但水务部门还是没有改变年底前让东濠涌深隧开工的既定计划。

虽然广州市水务局日前表态称，将邀请多个部门同时参与到河涌污染源的排查，并鼓励市民共同监督，举报偷排、乱排现象，但显然，对于河涌整治，市民能参与的绝不仅限于此，水务局理应在河涌整治的方案制订、相关整治工程的建设过程中，鼓励公众更深程度地参与和监督。譬如荔湾区已有街坊自发组成志愿者队伍"河去河从"，对驷马涌坚持做水质检测，那么，对待这样的民间力量，水务部门能否为他们提供更有效的参与平台和对话机会，让他们为广州治水发挥更大的作用呢？

无论如何，期待广州这一轮的治水，在资金使用和方案制订方面都能够更广泛地吸纳公共讨论，并接受公众监督。

（原载 2013 年 11 月 15 日《新快报》）

▶ 猎德涌整治再砸 1 亿，水清可期乎？

看到这则"天河区再掷 1 亿多元整治猎德涌"的新闻，想必不少广州市民和我一样，心情复杂。一方面，政府对河涌整治不抛弃、不放弃，让市民对于河涌变清的期待不至于彻底落空，终归是好事；但另一方面，市民心里总不免怀疑：这一次，河涌水质能从根本上有所改善吗？上亿元的资金会不会又打了水漂呢？

关于猎德涌，不得不提的记忆是去年 9 月，因附近猎德西区综合发展项目在建工地偷排泥浆水，猎德涌变成了"红水河"，模样甚是吓人。但后来的处理结果，不过是罚了工地几万块钱了事，据说近期巡查发现该工地又有偷排迹象——这实在让人出奇愤怒：数十亿元的在建项目，违规偷排的成本仅仅是几万元，如此惩治，怎么可能有震慑效果？

另据报道，截至今年 12 月，天河区建设和水务局在猎德涌流域排查污染源时共发出整改通知书 7 份，罚款 13 万元。这样算来，平均一单罚款不到 2 万元，也难怪那些违规偷排的工地会屡教不改了。

早在 2010 年，广州市水务部门的领导就曾指出，"有些违规偷排的工地在给我们的排水系统'打毒针'，一定要首先拔掉这些'毒针'"。遗憾的是，广州至今对那些"打毒针"的违规工地制约乏力，眼看着违规偷排的泥浆污染了河涌，甚至堵塞排水管道，导致水浸街。如何对偷排者加大惩戒力度，又如何将罚款所得全部用于河涌治理，需要相关管理部门进一步明确细则。

而除了工地偷排之外，导致猎德涌污染的另一不可忽视的因素就是小区生活污水。据介绍，新建的猎德涌复建房小区每天约有 2 160 立方米的污水直排猎德涌，猎德大道东侧、金穗路北侧范围内的住宅小区每天也有约 1 000 立方米污水直排猎德涌。

截污不彻底会导致河涌水质反弹，这本是常识，可惜在广州的河涌整治中，却是重金买来的教训，因为之前大量的治水资金在截污管都还没铺好的情况下，就被投入到河涌两岸的景观整饰中去了。想想每天有几千立方米的污水直排猎德涌，整治从何谈起呢？

报道称此次天河区投入重金整治猎德涌，主要思路是"管网升级改造"，即在猎德涌珠江新城段周边新建大量污水管，工程完工后该片区污水将全部接入市政污水管网，预计每天可减少污水量 5 000 立方米流入猎德涌。截污若果能有此成效，想来市民对追加的 1 亿元投入也会多些理解吧。

其实关于治水资金的使用，和数额大小相比，舆论更关心的，是资金的用途。去年 4 月天河区曾被爆投入"10 亿元改造猎德涌"，要在城市中心打造一条媲美东濠涌、荔枝湾涌的样板新涌，而今 10 亿元资金使用绩效未见公开，又要再投 1 亿元，说服市民接受其实是有些困难的；更不要说，选取的东濠涌、荔枝湾涌根本就不是具有示范意义的样板涌。

因此，市民担心资金使用不当、再投入的 1 亿元可能打水漂，实在是再正常不过的事情。而消除市民疑虑的唯一办法，就是公开治水资金使用明细，以透明换取信任。

最后要提到的是，无论是官方还是媒体，在展望猎德涌整治效果的同时，更需回望猎德涌十几年的整治历程，在网络上以"猎德涌 + 整治"为关键词进行搜索，会尴尬地发现，那些仅仅几年前的新闻，现在看起来都像是假新闻，如，2008 年 1 月有报道称，"从本月底开始，不再有臭水流进猎德涌"；2010 年 7 月有报道，"经过多年的综合整治，猎德涌整治效果明显，生态已逐步回归"……看看那些报道，再看看今天猎德涌的水质，真是情何以堪。但愿这一次，官方在总结猎德涌整治效果、媒体在报道的时候，不要再把话说得那么满了，给真相留点余地吧。

（原载 2013 年 12 月 11 日《新快报》）

▶ 严查治水腐败， 方能警示后来者

据报载，亚运治水时猎德涌整治项目责任人、广州市污水治理有限责任公司副总经理杨建基今年 4 月已被检察院立案侦查，因其"在对广州市污水治理工程项目进行监督和管理过程中，严重不负责任，疏于监管，致使污水治理工程无法达到应有效果"，以及"利用管理污水治理项目的职务便利，收受他人巨额贿赂"。一同被指控的还有广州市污水治理有限责任公司总经理张和旺。

这是媒体在连续多日质疑"天河区再砸 1.4 亿元整治猎德涌是否合理"之后，顺藤摸瓜挖出的一则重磅新闻。

这则新闻之所以重要，其一是因为它坐实了一直以来公众对于广州治水资金使用中可能存在腐败的猜测。毕竟，亚运前"一天一个亿"的治水换来如今返黑返臭的河涌，要说其中没有腐败，恐难服人。

其二，它在一定程度上证伪了"治水资金使用没有违规"的审计结论。广州市监察和审计部门之前曾宣称全程监控治水资金使用情况，没有发现违规，但同时又不公布治水资金的具体流向，也不交代难以推进的雨污分流工程结余下来的 100 多亿元资金去向何处。那么现在爆出猎德涌项目负责人落马的消息，是否说明治水资金审计可能存在不严谨之处？

其三，这则新闻背后的操作思路具有极好的示范作用，几名记者能将近期猎德涌整治的新闻与 4 年多前的网站资料和 2 个多月前官方模糊的新闻发布联系起来，进而挖出猎德涌整治项目负责人几个月前已落马的消息，实在让人敬佩。那么，其他媒体的记者能否也行动起来，查一下其他治水项目的负责人今安在？他们为什么不用对河涌水质反弹负责？

再回到杨建基落马事件来看，他在亚运治水项目中负责 8 个项目，包括沙河涌整治、猎德涌整治、大沙地污水处理系统市政管网及其完善、亚运周边场馆道路配套污水管、猎德污水处理系统市政管网及其完善等。而目前检察院指控他"致使污水治理工程无法达到应有效果"，具体是指其中哪些项目，涉案金额多大？除了杨建基，还有没有其他与治水资金有关的腐败行为尚未公开？这些信息，还望相关部门进一步公开。

　　说起来，猎德涌截污在过去 12 年里已经经历了四轮，周而复始的整治不免让人灰心丧气，难不成这河涌整治也会像之前的水浸黑点整治一样，成为"摁下葫芦起来瓢"的游戏？在 2010 年亚运治水结束时，杨建基曾向媒体表态称，"猎德涌片区的污水管线应对 5 年的发展应该是没有问题的"，谁知不过 3 年时间，猎德涌的污水管线就要再次花钱做手术了。现实在无情嘲讽杨建基承诺的同时，更是在提醒相关监管部门，对于河涌整治这样位于地面下的、水面下的"看不见"的工程，应监管前置，不能等到工程出现问题了再来返工，更不能任由大量治水资金在排污管线都没铺好的情况下就花在了两岸景观整饰上。

　　印象中，猎德涌整治项目负责人落马应该是媒体上第一次爆出和治水有关的腐败，这次曝光会不会成为揭开治水资金腐败的冰山一角，公众且拭目以待。要知道，数百亿的治水资金已经砸了下去，且现在仍在往河涌里砸钱，如果最后只换来返黑返臭的结局，却无任何人对此负责的话，是无法向纳税人交代的。只有严厉的问责，才能警示后来者，让这些治水项目的负责人如履薄冰，真正对工程负责；也只有严厉的问责，才能给公众吃下定心丸，让公众觉得河涌整治不是吸金的无底洞。

　　归根结底，广州不但要对河涌揭盖复涌，恢复本来的水乡面目，更要对河涌整治项目中可能存在的资金腐败，勇于"揭盖"，曝光真相。

（原载 2013 年 12 月 13 日《新快报》）

▶ 猎德涌： 一直在截污， 为何水质无改善？

　　虽然去年底公众已经知晓了"广州拟再投入 1.48 亿元对猎德涌进行整治"的消息，但当这一耗资 1.48 亿元的工程如今按部就班地进入环评阶段，而公众早前对治水效果和治水资金使用的质疑却遭遇有关部门"睬你都傻"的对待时，热心关注广州公共事务的市民们无疑再次产生了深深的焦灼感和无力感。

　　有媒体回顾了猎德涌长达 12 年的治理之路：2002 年起，耗时三年对猎德涌东西岸河流区域进行截污；2008 年，斥资 5 000 万元再截污，新建两条截污管；2011 年，为彻底截污，原本铺设在涌底的截污管道被移至河涌两岸，管径同时加宽；2013 年，再投入 7 000 万元改造管网，花费 2.1 亿元升级水闸泵站……

一句话概括就是：猎德涌，一直在截污，水质无改善。

为什么数亿元资金砸下去，猎德涌的截污却总是做不好？环评报告称，"已建污水管出现管内有无法清除障碍物、管道变形、管内渗漏、管与管脱节等结构缺陷，施工质量差，导致该管运行不理想"。这其中，"施工质量差"可谓一语道破天机。若结合亚运治水时猎德涌整治项目责任人、广州市污水治理有限责任公司副总经理杨建基落马一事来看，猎德涌截污为何做不好，其原因不言自明。

不过，倒也不能因为一位官员落马，就把猎德涌整治不力的所有责任都往他一个人身上推，试问：自 2002 年起开展的屡次截污整治，每次的施工质量如何？为什么每次新的整治开始前都没有对之前的整治不力进行追责，而只将其作为进一步要钱的借口？

已落马的杨建基曾在 2010 年亚运治水结束时称，"猎德涌片区的污水管线应对 5 年的发展应该是没有问题的"，结果不过 3 年时间，财政就要再投资改造污水管线。这就不由让人追问：当初杨建基承接治水项目时，该工程预期管用几年？政府方面有没有个明晰的说法？政府部门怎么能任由承建方自己来预估工程的使用年限呢？再说，老百姓平常过日子买家电都还有免费保修期呢，市政工程怎么可以任由承建方通过一时的验收就不再被追责？

如今政府又要砸 1.48 亿元整治猎德涌，我们不禁要问：这次新建大量污水管来截污，预期达到怎样的效果？这种效果又将维持多久？如果达不到预期效果，具体该追究哪些人怎样的责任？对这些问题，政府部门理应在 1.48 亿元资金投入之前，先行制定出具体的、可供监督的细则，唯此，公众才可能打消"1.48 亿元又将打水漂"的疑虑。

再有，治水虽然是专业性较高的市政工程，需交给专业的单位去做，但这并不代表市民只能做治水项目的看客，广州的治水思路理应接受社会各界的评判，诸如叫板水务局"治水理念不对"的老专家李平日等，他们对于治水工程的意见和建议理应受到重视，政府部门应该提供有效的参与渠道，更应该为自己的决策行为一旦出了问题而做好接受问责的准备。

一直以来，广州治水工程最为市民所诟病的，就是对治水责任无法追究，官方从未给出具有可操作性的治水考评及问责制度，因此，很多治水工程采用不可持续性的清淤、截污措施来应付一时的检查，工程的长期效果却无人负责。如此治水，自然容易滋生腐败，而被曝光的猎德涌案或许只是冰山一角，以后随着更多的河涌需返工砸钱治理，暴露出更多的腐败案件也没什么可奇怪的。

（原载 2014 年 3 月 13 日《南方都市报》）

▶ 分段管理绝不是河涌整治不力的挡箭牌

广州市环保局每月定期向社会发布河涌水质监测报告已有近一年的时间了，有记者查阅过去 11 个月广州 50 条主要河涌的水质监测数据发现：天河、白云、花都的 14 条河涌在 11 个月里从未达标，而被列入饮用水源保护区的 Ⅱ 类、Ⅲ 类水质功能区的 8 条河涌中，有 6 条河涌 11 个月不达标，甚至绝大多数时间为劣 V 类水。

原以为环保局每月公布河涌水质情况，会对河涌整治起到重要的监督与鞭策作用，现在来看，恐怕是舆论一厢情愿地乐观了。14 条河涌在过去近一年的时间里从未达标，相关的管理部门感受到压力了吗？受到训诫警示了吗？莫非，只要在上级部门检查时临时采取措施保证河涌水质过关，就可以不顾日常的水质监测数据？水质监测信息发布的意义到底何在？

当初环保局曾表示，"期待公开发布信息能更好地促进全市治水工作，让更多的市民更加关注、更加关心和更多参与到我市水环境治理工作上来"。但现在来看，信息发布对治水的促进作用几乎没有体现，市民虽然关心治水工作，但参与的途径却不明朗，特别是市民普遍关心的治水资金使用细节、治水方案如何制订、治水工程如何监督等方面的问题，都未能提供有效的参与路径。

当然，对于水质的不达标，政府部门总不乏这样那样的解释。天河区建设和水务局相关负责人就表示，截污点不足、跨区管理是难题，"比如沙河涌的上游在白云区，如果上游就不达标，那到了中游的天河段治理起来就比较麻烦"。

这当然是实情，谁都知道河涌的水是流动的，某一段的河涌水质不可能独善其身。可问题是，对流动的河涌僵化地采取按区、分片管理的模式，这样的现状持续了多久？各区既然认识到管理中存在这样可笑的问题，为什么不想一想解决的办法，思考如何理顺河涌整治的管理体制？是否可以考虑将跨区河涌的整治权力集中在某一个区，要求其对整条河涌的水质负全责？

必须指出，河涌整治之所以会出现对跨区河涌"一区管源头、一区管中段、一区管末段"的可笑情况，很可能与河涌整治所需资金按区划拨、河涌两岸的污染源排放按区管理等原因有关。可明眼人一下子就能看出，这种可笑的管理模式有悖于河涌水是流动的这一自然规律，同时也给那些不积极改善水质的区提供了整治不力的借口，因为他们总可以将水质不好的原因推脱为其他区没有管好。

据了解，今年广州市水务局将投入3亿多元用于河涌清淤、污水管道改进等治水工程，那么，这样一笔巨额资金究竟分配得是否合理？是否又是僵化地按区划拨、不顾一条河涌分属多个区的现状？这些问题很值得水务部门反思。

（原载 2014 年 4 月 16 日《新快报》）

▶ 河涌水质何时才能有稳步改善的可能？

不知不觉间，广州市环保局对广州50条有代表性的河涌水质监测工作已经满一年了。媒体盘点过去一年的水质监测数据发现，年达标率为0的河流有30条，占总数的60%；仅有3条河涌水质出现了明显改善，大部分河涌水质无进步，甚至有些河涌出现水质越来越差的情况。

对于河涌水质监测数据，媒体和公众无疑是非常关心的，这体现在每次数据出来之后的盘点和讨论；而与之形成鲜明对比的，是相关政府部门对每次数据的解读——几乎每一次，他们都可以找到为自己开脱的理由。

譬如白云区就表示，跃进河水质差，是"尚未实施截污所致"，而如果要截污的话，需要由市污水公司主导执行。越秀区也表示，沙河涌涉及三个区，只能由市级层面来处理，其他一律不予回应。

每到问责的时候，板子不知往哪儿打，这种情况在广州的河涌整治中看来已是常态——一条河不干净，中游怪上游，下游怪中游，谁都有责任，却又谁都没责任。也就是说，河涌水质数据公布后，对相关的区根本起不到任何施加压力或鞭策的作用，那么公布这些监测数据意义何在？纯粹给街坊们添堵吗？

像萝岗区环保局还埋怨说"鹤支坦涌跨越黄埔和萝岗两区，其中上游、大部分河段和污染源均位于黄埔，萝岗区曾反复治理仍难以改善水质"，对此我只想说：亲，黄埔萝岗今年2月已合并为新的黄埔区，您在政府部门工作难道不知道吗？

如果说各区都认为，对于跨区河涌的整治，需要在市级层面或几个区之间统筹处理，那么敢问在过去这一年里，市、区各相关部门有朝着这个方向努力吗？有哪个区主动牵头来协调此事吗？各区都拿着治水的钱往河涌里砸，却又都知道，一条跨区河涌水质的改善，并不依赖于各区的独善其身。既如此，治水资金使用的科学性和合理性在哪里？

其实对于广州治水，公众并不奢望水质一夜之间全部达标，公众所期望的，是河涌水质能够出现稳步改善的可能。但在过去这一年里，50条河涌里，只有荔湾花地河、南沙金洲涌、花都天马河这三条河流出现了水质持续向好的局面，诸如车陂涌、荔枝湾涌的水质数据则处于"过山车"状态，还有部分像番禺屏山河那样，水质竟由去年的Ⅳ类恶化到如今的劣Ⅴ类。

那么这些反差背后，到底反映了哪些问题？公众期望河涌水质稳步改善，而非"过山车"般起伏或进一步恶化，这种期望究竟能不能实现？说到底，该由谁来为一条河的清澈负责，能不能把责任落实下来？

（原载2014年10月6日《羊城晚报》）

▶ "河长制" 问责能有效推进广州治水吗？

继5年前亚运大治水之后，广州日前再次拉开全面治水大幕，部署推进生态水城建设。为此，市政府与各区（县级市）政府、市水投集团等13个单位签订了2014年至2016年生态水城建设任务书，如果在规定的时间内没有完成任务，各区以及水投集团主要负责人作为"河长"将被问责。

对于这一轮治水中新推出的"河长制"问责，报道中是这样解释的：由各区行政首长对辖区内河涌治理、设施的建设与维护负总责，市水投集团要千方百计筹措好建设资金，把生态水城建设工作完成情况纳入各区、各部门工作目标考核体系，实施定期督办，每月通报工程进度，每年年底考核，对于推进不力的，全市通报并追究责任。

不得不说，如果以上就是"河长制"问责的主要内容，那么几可断定，这种问责对于那些治水不力的官员所能形成的震慑力和约束力，其实是微乎其微的。

其一，没有明确此轮治水追责的时间效力问题，即对"河长"的问责，有多长时间的追溯效力？

根据上一轮亚运治水的经验，河涌水质在整治期内采取一些急功近利的临时性措施，以达到考核标准，是完全没有问题的；问题的关键在于考核期结束后的水质反弹。巨额投入的治水，并没有让水质呈现可持续性向好的态势，而是进一步恶化，但此时考核期已过，治水的官员早就该表彰的表彰，该拿奖的拿奖，该升官的升官，找不到人问责了。这个问题在新一轮广州治水中将如何处理，目前尚未看到明确的说法。

其二，"河长制"问责缺乏有执行力的细则，具体怎样的考核结果才算不合格，相应的官员又将受到怎样的责任追究，在制度中并没有详尽的规定。

问责这事，规定自然是"宜细不宜粗"，泛泛地表态要问责，是最无力的，关键还是要看问责制度是否有执行力。事实上，在经历"一天一个亿"的亚运治水及其后的水质反弹之后，想轻易获得舆论对治水的支持，已非易事。此时最能鼓舞公众信心的，莫过于问责制的创新和落实。贪污腐败自然要问责，投入数百亿却落得水质反弹，难道就不是另一种形式的腐败？就不该被问责？

其三，"河长制"问责恐无法有效解决跨区治水的问题。

据调查，广州的劣Ⅴ类水体主要来自广佛跨界的 16 条河涌，也就是说，治水不是广州一地能够独善其身的事情，那么一味问责广州的官员，果真能够推动治水吗？据称江苏无锡等地的治水实践证明，"河长制"问责可大大改善治水过程中"多头管理""问责不力"等情况，那么这一制度照搬到广州来，会不会出现水土不服的情况，可能还需要在实践中进一步检验。

报道称，目前广州并未公布此轮生态水城建设的总投资额，只是承诺每一个建设项目都会按标准流程进行环评、招投标等公示环节，但所有项目建设资金不再打包统一公布。而根据市水务局的方案，这一轮生态水城的建设囊括了 196 个项目，范围比亚运大治水时更广泛，且要求更高。

那么以亚运治水近 500 亿元的投资规模来推算，这一轮生态水城的建设投入肯定也不会是小数目。或许模糊处理投资总额的做法，能避免进一步刺激公众对财政资金被虚掷的愤怒，但有心的媒体终究会计算出个大概，政府在新一轮治水的资金投入上"躲猫猫"实在没有什么必要。其实只要治水有效果、水质不反弹的话，公众并不心疼投入，公众最怕的，恐怕还是过几年再换个什么名头搞新一轮治水。要知道，"新一轮"这几个字实在是太触目惊心了，它仿佛是个"轮回"的魔咒，让广州治水变成一轮又一轮的砸钱游戏。

（原载 2014 年 6 月 12 日《新快报》）

▶ 深隧不是整治水浸街的救命稻草

6 月 23 日，广州中心城区发布三年来首个红色暴雨预警，相应地，各区的水浸黑点都毫不意外地一一暴露出来了。如，广州火车站广场本月第二次遭遇水浸，积水一度深至膝盖；广外白云山校区也再次成为泽国，教学楼、行政楼、学生宿舍、饭堂等均被积水淹没。

广州逢雨必浸，这已经不是什么新鲜事了，新鲜的或许是每次官方对水浸的解释——请注意，是"解释"，而不是"问责"。比如这一次，越秀区官方的解释为"暴雨恰遇珠江潮位高，无法开启下游防洪闸所致"，于是，有官媒就顺水推舟地开始探讨起破解水浸的方法——深隧，提出东濠涌深隧建成后，能将流域内合流干渠的排水标准提高到十年一遇。

可是且慢，难道在深隧建成前，广州对于水浸只有束手就擒、乖乖受着的份儿吗？难道之前整治内涝的措施通通都不能发挥作用，只待万能的深隧一招制敌吗？即使过几年建好了东濠涌深隧，同样面临远水解不了近渴的问题，白云区等其他各区的水浸怎么办呢？

说到底，在把深遂视作整治水浸街的救命稻草之前，恐怕首先需要反思一下：现有的排水设施出了什么问题？那些整治水浸街的工程为什么没有发挥作用？

比如说，广外白云山校区的排水设施于 2012 年 10 月完成了改造，如今不到两年的时间，就出现了严重水浸，试问这背后的原因，究竟是短时间内暴雨的确过大，还是当初改造不彻底？天气和人为的责任应该三七开还是几几开？当初负责改造的人是否应该被追究责任、具体又应该承担多大的责任呢？遗憾的是，这些疑问统统都不会得到官方的回应，他们能出面解释一下水浸的原因，已经算不错的了。

统计称，广州中心城区现有的 6 000 多公里排水管网中，83% 的排水管道设计标准为"一年一遇"，9% 达到"两年一遇"，部分地区甚至为"半年一遇"，仅有岗顶等少数地区经过这几年的改造成为"五年一遇"。而 2014 年上半年，广州出现超过一年一遇暴雨的次数已经达到 5 次。这意味着，广州现有的排水管道至少从设计标准来看，已经很难抵御暴雨来袭，建深隧似乎是必然之选。

不过，这里仍有一个问题需要厘清，那就是：现有的排水管道是否已物尽其用，最大限度地发挥了作用？民间老工程师冯海涛认为，此次水浸与排涝系统运行不畅、排水口不够也有很大关系。其实，早在去年论证深隧项目时，包括中国工程院院士王梦恕在内的一些专家已经指出，即使是建深隧，如果现有的浅层排水系统（相对"深隧"而言的"浅隧"）都还没有利用好、管理好，内涝时出现的积水很可能无法排到深隧里去。

深隧与"浅隧"之间存在的这种辩证关系，恐怕一直以来都被那些幻想深隧"一建就灵"的官员们忽略了，他们习惯于拿巴黎与东京的下水道、芝加哥的深隧以及青岛百年前的排水系统来说事儿，不遗余力地论证广州建深隧的必要性，却忘了即便东濠涌深隧建成，遇到五年一遇的暴雨，现有 29 个水浸点（积水超过 20 厘米）中，只能消灭 12 个，其他 17 个依然有水浸，只不过减少水浸程度罢了。

说起来，广州整治水浸街的历史真的是足够长了，仅仅过去这三年，就投入超过 4 亿元。为了避免让治水成为"子子孙孙无穷尽也"的事情，反思已有整治工程，建立有可行性的问责制度，不要过度夸大深隧的功能，都是主政者应该注意的问题。

（原载 2014 年 6 月 26 日《新快报》）

▶ 对于治水， 我们究竟该抱有怎样的期待？

广州官员的治水观念似乎正在经历一场"拨乱反正"。市水务局局长丁强日前表态称："我觉得经过这阵子，大家对治水已经有比较客观的认识了。以前以为一下子就能搞定的，其实不行，污染了 30 年，你想用 3 年把它恢复，不可能。"

"水污染了 30 年，不可能用 3 年治理好"，这个说法称其为常识也不过分，只是这话如今从广州官员口中说出，总让人感觉怪怪的——要知道，我们所生活的广州，是经历了"一天一个亿"治水的广州，是给那些曾经宣称"水环境明显好转"的治水官员佩戴过"一等功"奖章的广州。

那么，现在由官员来警示市民"想用 3 年恢复污染了 30 年的水质，不可能"，这难道不是很奇怪吗？敢问：公众有要求过官方 3 年内治理好水污染吗？这个所谓的 3 年预期，究竟是官方曾经不切实际追求的目标，还是源自民众施加的压力？

更讽刺的是，官员一方面称"3 年治理好水污染，不可能"，另一方面，在选择整治的断头涌试点时，又分明挑选了"容易见成效""能很快解决问题"的荔湾区牛肚湾涌，称力争用两年时间将其"打通"，为今后广州治理断头涌提供借鉴经验。

瞧瞧，这定的"两年"期限，分明是官方的自我施压，而非公众的要求；是官方急于求成，期望能够短时间见效，或者干脆直白点说，是短时间内出政绩。官方既然承诺在先，之后又怎能怪民众要求其兑现承诺呢？说到底，官员要反思的是自己的治水观，而不是指责民众对治水效果的要求不切实际。

而如今官员既已表态希望公众调整对于治水效果的预期，我们就不妨问一问：对于广州治水，公众究竟应该抱有怎样的期待才算理性呢？毕竟，治水花的是纳税人的钱，这一行为总应该有个可以考核的办法，有可追责的路径。如果水质三五年内不能明显改善的话，那么其他的参考指标，比如截污管道的铺设、污染源的关停数量等，都是相对实在、可衡量的指标，可以考虑作为治水效果的检测标准，至少，它们能让公众看到水质持续改善的希望，这比单一使用水质达标与否作为检测标准要可靠。

关于治水，官员中还有一个普遍存在的误区，譬如，市政协主席苏志佳称："水污染是有很多原因的，而且治水的效果有时候是一下子看不到的，所以很多人说那么多钱都不知道花在哪里了。"

这话的意思无非是说，治水要花钱，公众不能因为治水效果不明显而否定资金投入的意义。这恐怕是对公众的又一大误解。要知道，公众质疑治水的钱不知道花在哪里了，并不仅仅因为河涌返黑返臭、治水效果反弹，更是因为治水的资金明细从来就没有充分公开过。比如，治理一条河涌，其中多少钱用于景观整饰，多少钱用于截污管道铺设，多少钱用于清淤，资金分配是否合理，这些公众都不清楚，那么看到河涌水质反弹时，公众自然会质疑。

而官方如果想要向公众解释清楚"那么多钱都花在哪里"，最好的方法就是公开治水的明细账，而且是逐条河涌地公开，"一涌一账本"，详细列出每条河涌的每年资金投入与分配情况，自然就能解答公众的疑惑了。

（原载 2014 年 8 月 14 日《新快报》）

▶▶ **广州治水的 "河长制" 问责， 落到实处了吗？**

有关广州治水的话题，似乎越来越难引起公众的普遍兴趣了：一方面，和亚运前"一天一个亿"的治水豪情相比，现在的治水工作似乎刻意保持低调，不再宣誓投入力度和预期目标，市水务局局长丁强早前更是直言："污染了 30 年，你想用 3 年把它恢复，不可能"；另一方面，公众也不知道应该对治水抱有怎样的期待，尽管环保局每月都公布广州主要河涌水质状况，但水质何时才能达标、不达标又如何，公众不知道。

也就是在这样的背景之下，《新快报》昨日报道，"记者在对 2014 年广州主要河涌水质状况月报进行统计后发现，天河区的 6 段河涌全部不达标；水质不达标的劣 V 类河涌多集中在天河、白云、海珠等中心城区"，似乎没有在市民中唤起特别强烈的反弹和不满。

不过，抛开报道的影响不谈，仅就报道本身而言，还是有很多耐人寻味的发现。比如记者梳理发现，上榜劣 V 类水质的河涌中，白云区和天河区的数量一直位居前两位，也就是说，广州最黑最臭的河涌都出自白云区和天河区；但投入治水资金最多、政府最为关心的，恐怕要首推越秀区的东濠涌——两相对比，这背后体现了怎样的治水逻辑，读者诸君可自行揣度。

东濠涌曾是广州市中心一条比较有名的"臭水沟"，为了改善它的水质，广州已累计投入约30亿元。好在东濠涌的水质自去年6月至12月，连续七个月全部达标。不过，围绕东濠涌的投入并没有停止，备受争议的东濠涌深隧试验段目前正在建设，投资估算7亿元。这种整治力度，恐怕是白云区和天河区那些水质为劣V类的河涌所不能比的。

广州宣示新一轮治水决心可以追溯到去年6月提出的"生态水城"建设，彼时市政府与各区（县级市）政府、市水投集团等13个单位签订了2014年至2016年生态水城建设任务书，称如果在规定的时间内没有完成任务，各区以及水投集团主要负责人作为"河长"将被问责。

但至今半年时间过去，公众并不清楚，责任书的具体内容是什么，治水的任务细化到什么层面，负责人作为"河长"又将在什么情况下受到怎样的问责。

当时媒体对"河长制"的问责是这样报道的：把生态水城建设工作完成情况纳入各区、各部门工作目标考核体系，实施定期督办，每月通报工程进度，每年年底考核，对于推进不力的，全市通报并追究责任——那么，这个每月通报、年底考核的制度究竟落实了没有？有没有哪位"河长"因为推进不力被通报并追究责任？诸如白云区、天河区这样辖区内有广州最黑臭河涌的区，"河长"有被问责吗？

"河长"问责制若持续被虚置，治水资金的巨额投入自然难以获得公众的支持。据称，生态水城建设包括196个项目，总投入不逊于亚运前治水投入，但这一次官方不再大张旗鼓地宣传总投资额，公众至今不知这一轮治水的总投入是多少。官方如此扭扭捏捏、欲说还休的姿态似有拒绝公众监督之意，但考虑到上一轮治水后河涌返黑返臭的局面，公示治水投入，甚至达到"一涌一账本"，让公众明了对于河涌的投入是否和其污染程度成正比，每一条河涌的资金是更多地用于基础设施改善还是用于景观工程打造，无疑是非常必要的。账本清楚了，问责也就有了前提。

（原载2015年1月20日《新快报》）

▶ **"河长制" 能否终结河涌水质反反复复**

如果从去年 6 月广州市政府提出"生态水城"建设并与相关单位签订任务书开始算起，广州新一轮的治水行动已经实施了近一年的时间；而如果对比市政府提出的"2016 年 16 条广佛跨界河涌要基本摆脱劣 V 类"的要求来看，留给达成这一治水目标的时间只剩下一年半而已。

着重强调当下这个时间节点，一方面是想说明，新一轮治水开展一年来几乎毫无建树，特别是结合《新快报》记者日前对河涌现场的走访调查结果来看，16 条广佛跨界河涌污秽黑臭，垃圾成堆，水质基本仍归于劣 V 类，多条河涌的整治工作刚刚进展到招标阶段；另一方面，强调当下这个尴尬的时间节点，是想提出一点困惑：在未来一年半的时间里，广州能迅速完成治水目标、让河涌水质摆脱劣 V 类吗？市水务局局长丁强不是说过，"污染了 30 年，你想用 3 年把它恢复，不可能"吗？如果执意采取"大跃进"式的治水方法，会不会重蹈上一轮河涌治理返黑返臭的结局呢？

印象中，广州这一轮治水最大的亮点似乎就是推出了"河长制"，并于近期公布了包括 16 条广佛跨界河涌在内的 51 条重点整治河涌负责人"河长"名单。不过，目前"河长制"的年度考核办法和奖惩机制仍在制定之中，尚未出台；而众所周知的是，任何没有问责方法相配套的制度，都不能太当真。

更何况，这新一轮治水中，市级层面的"河长"是市长，区级层面的"河长"是各区书记、区长或分管的副区长，那么，由市政府主导的对"河长"的考核，会不会在一定程度上变成了政府部门内部的自我施压、自我问责？为什么人大没有更积极地介入到治水资金监管和责任追究中来？

此外，关于河涌整治，现在投入大量资金所做的清理淤泥、铺设截污管等工作都只能算是"治标"，更为"治本"的方法涉及如何截断污染源，因此，政府规定各位"河长"的责任包括淘汰落后产能，铁腕执法，加强对重点污染企业的监管等内容。这从治理思路上来看，无疑是正确的，但如何落实这些任务，显然又不是一件容易的事，毕竟各位"河长"多是各区的一二把手，身兼发展本地区经济的重要任务，而在环保压力和 GDP 政绩之间如何选择，哪一个更有"一票否决"的压力，其实不言而喻。

眼下，距离 2016 年底只有一年半左右的时间了，河涌水质能否按时甩掉劣 V 类的帽子，且拭目以待，但至少笔者不敢乐观，因为，保证水质短期内达标是容易的（甚至是相关部门所擅长的，因为他们已在一轮又一轮的治水中谙熟此道），而保证水质长期不反弹，则是艰难的。

报道称，广州市水务局今年将首次把 16 条广佛跨界河涌水质纳入监测范围，目前监测项目已进行公开招标采购——这一事实至少说明，河涌水质的监测数据是缺失的、不完整的，未来在检测水质是否达标的时候，将缺少长期的、可供对比的数据，进而很难看出水质的改善是否具有长期向好的可能。

说实在的，广州年复一年、一轮又一轮巨额投入的治水，却总换来河涌返黑返臭的局面，已经深深伤了市民的心，看着污秽黑臭、垃圾成堆的河涌，直让人忍不住想疾呼："救救河涌！"可是，路在何方呢？

（原载 2015 年 4 月 30 日《新快报》）

▶ 公布"河长"手机号，并非公众监督的最佳形式

广州市水务局日前公布了全市 51 条河涌的 35 个区级"河长"的手机号码，有记者逐一拨打这些号码发现：有的电话没人接听，有的非"河长"本人接听但态度较良好，有的则是本人接听；此外，有的"河长"对河涌整治计划不甚清楚，有的则了然于心。

从同城多家媒体的报道来看，"河长"电话甫一公布，多位记者就开始了拨打测试，试图以此窥探这一政策的落实效果。可是，接通与否能在多大程度上说明怎样的问题？评判标准是要求"河长"本人 24 小时随时接听吗？这些问题，恐怕是媒体在"测试"之前首先要回答的。

对于此轮治水中推出的"河长制"，笔者一直心有疑虑，因为：其一，市级层面的"河长"是市长，区级层面的"河长"是各区书记、区长或分管的副区长，对他们来说，河涌整治只是其分管的众多工作中的一部分，那么公布手机号，让他们随时接听市民投诉，既不可能，也无必要。

说到底，公布"河长"手机号这种方式，本身就是一种对民众不恰当的示好姿态，它可能在推行之初收获一些廉价的好评，但又会在转眼间因其落

实之难而受到民众责难。因此，在报道中点名批评那些没有接通电话的"河长"意义并不大，甚至那些接通了电话的"河长"也不值得表扬，他们或许不过是应对媒体的经验更为老到些罢了。

其二，"河长制"固然较以前更加明确了治水责任，有助于"提升环保和治水在区领导心中的优先级"，但当治水责任与 GDP 增长二者之间发生直接矛盾冲突时，哪一个更会让领导产生"一票否决"的压力，仍不得而知。

更何况，如果凸显辖区内某项工作重要性的方法只能是靠"一把手"亲自抓、公布"一把手"手机号码给民众的方式，这本身就是对当下行政运转效率的最大讽刺。

其三，包括"河长制"在内的此轮治水方案，在一定程度上是对以往治水路径的否定，相当于一切重新来过，至于此轮治水可以从上一轮借鉴什么经验、吸取什么教训，一直不见官方的总结。而河涌治理是有一定连续性的，总是这样全部推倒重来，难免让人担心重蹈覆辙。

譬如新生活环保促进会会长高毅坚就表示，"其实广州的河涌边都有牌子，公布了投诉电话、责任人的，但有好些都打不通了"。治水措施的"临时性"，由此可见一斑。而短命的公共政策无法得到长期有效的落实，正是公共治理中的顽疾。

归根结底，公布"河长"手机号，并非实现公众参与和监督的最佳形式，因为这说穿了只是个爆料、投诉热线而已，就算公众意见能直达"一把手"，但公众意见最终并不能左右"一把手"的乌纱帽，仅这一点，就掏空了所谓的公众参与和监督的价值。

而理想的监督机制其实是人大，只要激活、用好现有的人大监督机制，将治水责任的考核、治水资金的监管等事项通通纳入人大监督，想必会比形式上的"和'河长'通电话"更具实质意义。

应当指出，对于河涌整治，公众的监督和参与应该有更好的形式，媒体能做的，不应该是"拿着鸡毛当令箭"，一味地看上级制定的政策落实得如何，而是应该从根本上思考，如何为公众参与公共事务搭建更好的平台，因为，硬要落实一项不合理、有缺陷的政策，对执政的下层官员和媒体监督的公正性来说，其实是双输。

（原载 2015 年 5 月 14 日《新快报》）

▷ 每条河涌都应该有自己的治水档案

《新快报》梳理了过去一年广州河涌水质月报发现，在监测的 60 条河涌（64 段）中，白云区内劣 V 类水质的河涌最多，在各区市中居首位，天河区、海珠区分列二、三位；此外，天河区内有 6 段河涌水质每个月都不达标。

说实话，河涌水质月报越来越有沦为鸡肋之嫌，因为如果通报不能够与相应的治理、惩戒措施产生联动的话，通报的意义在哪里呢？水质不达标又如何呢？特别是之前对于河涌整治的验收往往是一次性的，并不参考每月水质数据，如果今后的验收依然是以一次性结果为标准，而不去追问水质突然改善背后的原因的话，那么，就更加让人看不到重视河涌水质月报的理由了。

对于河涌水质报告，一方面要重视其呈现的数据，另一方面也要注意分析数据背后的原因。譬如，记者梳理发现一个比较可喜的现象是，上榜劣 V 类水质的河涌整体数量在逐月减少，今年 2 月，广州市共有 15 段河涌上榜，3 月降为 13 段，4 月为 12 段，5 月份则减至 8 段。

那么，劣 V 类水质的河涌数量减少，背后有哪些原因？这种减少是可持续性的吗，还是会反弹？它与治水措施之间有直接关系吗？抑或，这种减少只是因为雨季水量比较丰沛一些而已？遗憾的是，在逐月公布河涌水质数据之外，相应的分析解读还是太少了，更没有与治水措施产生有效联动。

其实，如果承认河涌整治是广州城市治理中的一件大事，如果真的想终结广州一轮又一轮不断从原点出发的治水行动，达到河涌水质"基本摆脱劣 V 类"的要求，那么，政府相关部门就应该考虑采取更有效的措施，和民间展开更积极的互动。但遗憾的是，相比以往治水大张旗鼓的宣传，这一轮治水，官方过于低调了，这也导致对于很多治水措施的监督，媒体没有及时跟上。

毕竟，媒体能做的，远不仅是对官方公布的水质数据做一些粗浅的梳理归纳，而是更应该为政府与民间在治水领域的良性互动搭建对话的平台，为每一条河涌的整治建立独立于官方口径之外的治理档案。这个档案，应该包括自广州宣布治水以来，每一笔投入该河涌的资金及其去向，包括相关的水质监测报告，包括每个整治项目的负责人名字等，只有将治水的账本明细化，将治水的责任明确到人，给历史留底，才可能避免一轮又一轮的治水总是推翻重来，从头开始。

至于政府与民间在治水领域的互动，目前并没有在媒体上看到成熟的案例，似乎治水思路依旧沿袭了以往官方自行其是的风格，公众没有机会就每一条河涌具体的污染源和治理对策展开公开讨论，民间能倚仗的，不过是所谓的"河长"电话而已，而众所周知，这种监督的专业性和持续性，都是极为有限的。

不能充分调动、容纳民间组织力量参与的治理。终究难说是成功的社会治理。我们看到，很多公益组织对于广州治水是感兴趣的，但他们除了做一些水质检测之外，并没有办法参与到政府部门对污染源的排查和执法过程的监督中去。因此，政府部门有必要分享一定的治理权力，发挥民间组织在河涌整治中的监督和建言作用。

（原载 2015 年 6 月 16 日《新快报》）

▶ 资金重复投入， 治水何时不再是 "无底洞"？

"河涌整治"这个老话题，虽蒙媒体持续关注，但其引发市民广泛关注和讨论的能力已呈疲态：对民众来说，治水长期砸钱不见成效，除了抱怨，似乎也没有更好的参与渠道；对政府部门来说，治水是个艰难推进的项目，压力大且短期内难有起色，"河长制"更是有些不堪重负；对媒体来说，报道河涌脏臭现象、水质不达标等，甚至得不到政府部门的回应和解释。

这不，继日前盘点广州河涌水质不达标现状后，《新快报》记者又根据广州8 个区水务部门 2014 年公共财政预算资金项目支出预算明细表，推算出去年 8个区治理河涌预算资金至少有 2.8 亿元，但现状却是不少河涌依然恶臭难挡。

那么，这样的连续报道能否在河涌整治议题上激起一点涟漪？至少我是不乐观的。一方面，这一轮的治水仍在进行中，尚未到盘点时刻，官方终究有理可讲、有路可退；另一方面，媒体对于河涌整治的监督报道一直以来过于依赖官方公布的材料，譬如投入资金、水质数据等，尚未能通过过硬的调查，证明治水中存在的困境与问题，比如控制排污措施是否有力，截污管道铺设是否真正发挥作用，工程发包是否阳光公正等。

毕竟，河涌的污染和治理很多都是隐藏在水面之下的，仅靠"肉眼观察＋走访街坊"的方式来呈现已经远远不够了，媒体要做的，是切实摸清河涌污染的来源，每月排放的规律，污染物排放是否超标，相关治理措施是否到位，等等。之前笔者曾提出"每条河涌都应该有自己的治水档案"，这个档案显然不能只记录肉眼观察到的污染、街坊的一些激愤之语和官方的一面之词，而是要有扎实的调查做支撑。

或许是受之前媒体报道"一天一个亿"治水却换来河涌返黑返臭的影响，如今广州的治水不再通过宣示大手笔的投入来彰显决心了，但官方的刻意低调显然非公众之福，因为这可能意味着治水资金从资金划拨、工程招投标到实际使用的整个过程，更加无法得到透明的监督。

此外，治水中"重建设、轻管理"的问题一直没有得到官方和媒体的足够重视。市人大代表曹学文发现，2010年迎亚运期间完成的雨污分流工程存在不少问题，如未按排水流域实施、养护责任主体不明确、工程实施不规范等。市水务局承认上述问题存在，称将采取一系列措施处理。

已有的设施不能很好地发挥作用，导致很多工程需要一次次地从头再来，资金重复投入，这实在让人痛心，但这也正戳中了当下河涌整治的症结所在。遗憾的是，目前尚未看到启动问责的迹象，而水务部门将采取何种措施予以补救，也有待观察。

作为广州市民的一分子，也作为广州本地公共事务的长期观察者，对于河涌整治这个经年不见起色的老问题，我的心中无疑是难过沮丧的，但又不忍完全放弃希望。窃以为，当务之急，是搭建一个有效参与的平台，让社会组织对于河涌整治的建议能被有效传达上去，让官方采取的治理行动能被有效监督，让公众对于河涌污染的举报能迅速得到回应。

譬如，官方经常提到搞河涌治理的试点，但这些试点往往只意味着资金投入的相对倾斜，并没有考虑治理方式上的试点创新，比如容纳社会组织的加入，请专家论证治理方法，动员市民监督河涌污染源的排放等。那么，官方是否可以拿几条河涌来做试点，真正让公众参与到河涌整治中来？

其实，不需要官员说什么"污染了30年，你想用3年把它恢复，不可能"，公众都明了治水的长期性和艰巨性，公众所不能接受的，是公众意志无法在治水工作中得到表达和尊重，却只能眼睁睁看着河涌在经过一轮又一轮整治后返黑返臭。

（原载 2015 年 6 月 23 日《新快报》）

▶ 防城市内涝不能总是 "重建设、 轻管养"

据报道,《广州市中心城区排水(雨水)防涝综合规划》(以下简称《规划》)日前经市政府常务会议审议并原则通过。《规划》明确,老城区排涝标准要提高,同时不再进行雨污分流改造,转而通过建设深隧应对内涝。

老城区的防内涝思路,从亚运治水时大力推进的"雨污分流排水设施建设",到如今完全倚重尚在建设中的、全国首个地下深隧项目,如此彻底的改弦更张,是基于现实的最优选择吗?未来如果深隧不能发挥预想中的作用,会有人为此负责吗?

之所以会有这些担心,是因为长期以来,我们的城市建设中有太多这样"重建设、轻管养"的案例,一旦某些设施不能发挥作用,就想着推翻重来、另搞一套,却不注重从日常管理、运营中找问题。

就以雨污分流设施为例,前几天媒体刚报道过:市人大代表曹学文发现,2010年迎亚运期间完成的雨污分流工程存在不少问题,如未按排水流域实施、养护责任主体不明确、工程实施不规范等。市水务局也承认了上述问题存在,称将采取一系列措施处理。

可如今,老城区的雨污分流改造已彻底停止,各方似乎都在坐等深隧解决一切内涝问题,那么水务局承诺的整改还会真的落实吗?在深隧建成之前,老城区的防涝怎么办?

深隧项目在一片争议声中上马,犹记得当时邀请来的多位专家,虽然几乎都表态"总体上我支持",但他们也提到,应先评估改造浅层排水系统、再建深隧;如果浅层排水系统的改造没做好,内涝时出现的积水很可能无法排到深隧里去。

遗憾的是,时至今日,我们依然没有看到官方拿出一份详尽的报告,来告诉我们:老城区的浅层排水系统管养情况如何?是否在充分发挥作用?未来能与深隧有效对接吗?老城区的雨污分流工作一共投入了多少钱?整改了哪些设施?其间遇到的铺设管道难、征地拆迁难、排污监管难等问题,相比建深隧遇到的难题,莫非更不容易解决?为什么在建设中都遇到难题的情况下,弃相对成熟的雨污分流方案而选择深隧?

要知道，广州作为第一个"吃螃蟹"搞深隧的城市，施工面临的困难是很大的。据市水务局总工程师郑航桅透露，目前东濠涌深隧由于受考古及五、六月份连续大暴雨的影响，工程进度较计划有一定滞后；广州"一主六副"七条深隧的规划还在编制过程中，因为涉及范围较大，并且与地铁等构筑物有交叉，地质情况复杂，所以规划的编制也比较费时。

上述提到的困难还只是有关深隧的编制和施工部分，那么未来运行中又会遇到哪些问题？如何管养？每年要投入多少钱？这些，尚未见公开讨论。但愿深隧的建设和运行能吸取目前雨污分流设施管养不力的教训，不要让重金投入的治水设施沦为摆设。

另据报道，《规划》还提出了较高的城市雨水管网建设标准，"就排水管网来说，新建城区按照五年重现期，老城区按照三年重现期，特别重要的区域是按照十年重现区进行建设"。如果联系水务局近期对"现有排水管网标准比较低，大概有90%的管网设计重建期是一年一遇"的表态来看，未来很可能会掀起新一轮排水管网的改造和建设热潮，这种改造或许是必需的，但背后更重要的，还是管理问题，是人的问题。否则，一味砸钱搞建设，发挥不了作用就另搞一套，闭口不谈问责，这样的城市建设岂非太儿戏了？

（原载 2015 年 6 月 26 日《新快报》）

▶ 河涌整治：不彻底截污，重复捞垃圾、清淤泥有何用？

广州市水务局日前公布了《广州市水更清建设方案》河涌治理的进度。据统计，全市 51 条重点河涌治理开工率为 90.9%，总体完成率 42.6%，其中，广佛跨界 16 条河涌治理开工率为 95.5%，总体完成率为 38.5%。这距离方案要求的"2015 年底前全面开工""广佛 16 条跨界河涌完成率力争达到 60%"的目标尚有一定距离。

河涌整治进度落后于预期方案，在笔者看来，倒还算不上特别严重的问题，毕竟，与治水效果相比，哪怕进度慢一点，只要治理后河涌水质能够好转且长期保持稳定的话，市民也就知足了。总好过像之前那样，轰轰烈烈地赶在亚运前完成治水工程，后来却遭遇严重的水质反弹，以至形成如今广州独有的"花红柳绿臭烘烘"的河涌景观。

因此，媒体在关注河涌治理进度之外，更需要推动官方公开有关河涌治理的具体方案等信息。鉴于治水工程很多是如管道铺设之类的看不见的地下工程，官方的信息披露就显得尤为重要，特别是治理措施及其效果的论证，因为只有充分的论证和科学的决策，才可能期待治理产生好的效果。

遗憾的是，官方发布的治水信息远远谈不上充分，甚至连给政协委员韩志鹏的复函还一度不想公开，其决策封闭性可见一斑。正如韩志鹏所说，"治水应该是一项全民广泛参与的工程"，但公民参与、公民组织的参与，体现在哪里呢？官方有广开言路，与市民共同探讨不同河涌的不同解决方案吗？

官方信息披露的不够，使得记者的调查往往也只能依赖于肉眼观察，实地走访。但即便这样，《新快报》记者调查发现的生活污水直排现象也足够触目惊心了：车陂涌车陂村附近的大型城中村，生活污水不经处理就直接排放入涌；白云区的江高截洪渠与流溪河交汇位置，大部分临江民宅排污水管直接引入河涌，地上铺设的排水渠也同样将生活污水直接引入河涌；沙河涌从天平架段往南段，分布着大量的居民生活区及城中村握手楼，生活污水直排情况依然普遍……

如此明显的排污行为在河涌整治进行了这么多年后的广州竟能公然存在，这实在让人诧异。事实上，广州市水务局在总结治水难点时，也意识到设施滞后、跨界治污难、非法养殖风险大是治水的三大难点，其中设施滞后与污水直排有着密切关系，既然如此，为什么在解决措施方面让人看不到这种针对性呢？为什么河涌治理要在打捞垃圾和清理涌底这样的末端治理手段上耗费大量人力物力呢？

连普通市民在接受采访时都说，"仅仅打捞垃圾、清理涌底，这是治标不治本"，"关键是得给生活污水另寻排放口"，"一边治理，一边排放，很难得到根治"，那为什么官方还要做这些治标不治本的工作？能不能在做好排污管道之前，全面停止这些表面工作，集中力量做好排污先？

根据官方定下的目标，到明年底，这些河涌要摆脱劣Ⅴ类——以水质而非排污等设施完善情况为标准，这是另一个让人担忧之处。汲取以往的教训，让水质在迎接检查时短期达标不是什么难题，但长远来看，就是治标不治本。从这个意义上讲，广州何时真正解决好污水直排问题，广州的河涌整治才算真的动了真格。

（原载 2015 年 12 月 9 日《新快报》）

▶ 治水滞后仅被通报批评， 宣告河长制破产

关于广州治水，将昨天媒体上发布的两则新闻放在一起看，会非常耐人寻味：一则新闻称，从化区和市水投集团因为没有完成 2015 年的河涌治理任务而被市政府通报批评；另一则新闻是，广州市水务局副局长欧阳明回应，按照中央和省关于撤并和规范考核检查评比活动的相关规定，暂时不出台河长考核办法。

河长考核办法暂不出台了，河长还有动力治水吗？这确实是个问题。尤其是现在官方基本亮明了底牌，就是河涌治理任务没完成，最多被通报批评而已，不会有进一步的问责——这样的惩戒力度，已经足以反映出官方对治水这项工作的重视程度。

河长制是去年广州治水工作着力推出的亮点举措，其中市一级层面的"河长"是市长，区一级层面的"河长"是各区书记、区长或分管的副区长，他们往往既承担经济增长的压力，又肩负河涌治理的重任，这两个在一定程度上矛盾的目标如何调和，归根结底，官员们的选择还是会看考核的指挥棒指向哪里，看哪一个考核是动真格的。

尽管水务局坚称，"不论考核办法是否出台，我们都将一如既往按照治水协调机制，加强督导协调，督促各责任单位积极推进河涌治理工作，按期完成省市治水工作"，但没有问责机制的配套，治水工作将在多大程度上真正被河长们重视起来，其实不难想象。从这个意义上说，离开了问责的河长制可以宣告破产。

至于说暂时不出台河长考核办法，是"按照中央和省关于撤并和规范考核检查评比活动的相关规定"，这个理由更是荒谬，因为这个规定的初衷是要求转变政府职能，约束政府部门过多的评比、评估、检查等活动，导致基层单位疲于应付，影响正常工作；而河长制考核办法是对政府施政行为的考核和问责，这正是我们当前最缺的，也是最需要的，就是让政府行为的权责界限更加明晰起来。所以，河长制如果真的要发挥作用的话，必须有配套的考核和问责制度。否则的话，就应该取消叠床架屋的河长制，将其纳入政府官员统一的考核评价体系中去。

另外，关于广州治水，公众关心的除了河涌治理的开工率、工程进度之外，更关心治理的效果如何，后者才是问题的重点。遗憾的是，当媒体提问水务局，为什么猎德涌、棠下村、车陂村等河涌工程已经全面完工，但河涌水质监测显示这三条河涌还是在劣Ⅴ类上下？水务局却顾左右而言他，意思说白了就是，目前只通报工作进度，不通报治理结果，"全面完成应该是达到消除黑臭现象"。

这样的回答无疑是让人沮丧的，因为公众几乎已经可以预料到，一轮又一轮的治水过后，官方并不能保证水质有一个稳定、向好的改善。那么，治水工程完工后又如何？意义何在？这些问题，水务部门不能再一直回避下去，检验治水工程的效果亟须建立起一套科学公正的评价体系。

（原载 2016 年 1 月 6 日《新快报》）

▶ 石井河治理十几年，"感冒" 也要拖成 "癌症" 了

对于广州白云区石井河治了十多年、水质依然发黑发臭的问题，广东省环保厅副厅长陈光荣做客民声热线节目时称，要督促广州加强污水厂和管网建设；广州市环保局执法监察支队也回应称，计划年底前全部完成石井河的截污和污水处理厂扩建等系列工作。

有媒体质疑，环保部门的这一表态，与三年前的回应如出一辙，实在让人感到无奈。事实上，如果把时间拉得再长一些，回望石井河过去十多年的治理历程，恐怕更让人感到绝望：

早在 2008 年 12 月，《羊城晚报》就曾发表报道《石井河：整治多年为何黑臭依然？》——标题很熟悉对不对？是的，近 8 年过去了，这个标题依然在使用，依然很适用。

也是在 2008 年 12 月，石井河流域污水治理工程正式动工，官方称，预计到 2010 年 6 月底前，石井河流域 47 条河涌截污工程将全部完工。

2010 年 7 月，媒体报道称，石井河昔日"黑龙"变清流，71 条支涌全部清淤，新建成的石井污水处理厂全面接收直排河涌的生活及工业污水。另外，白云湖每天为石井河输水 34 万吨，让石井河的河涌水体从整治前的劣Ⅴ类水

质变为Ⅳ类水。

2011 年 6 月，中断了 25 年的大型龙舟竞渡在石井河举办。

2013 年 8 月，媒体调查发现，石井河作为曾经的明星治水工程，重现黑臭。11 月，《石井河流域水质保护规划》项目开始招标，广州市水务局斥资 160.5 万元，摸查石井河流域水质现状，制定远期石井河流域水质保护规划。

2014 年 10 月起，石井河开始进行河底清淤工作，总投资 7 776.76 万元。

2015 年 7 月，白云区环保局查处 3 家非法直排、污染石井河的无证经营企业，采取断水断电措施。12 月，总投资近 15 亿元的石井净水厂工程开始进行环评审批前公示，以期"彻底解决石井河黑臭问题"。

2016 年 3 月，白云区政府区长苏小澎表示，石井河今年将截污 33 公里，同时扩建 2 个污水处理厂；5 月，石井河河长叶牛平的助理在接受记者采访时称，石井河多项治水工程、浅层渠箱的建设改造正在推进，按目标明年完成检验后，水质会有明显改进……

将媒体上关于石井河的不完全报道简要梳理一下，做一个"新闻连连看"，就会发现，对于石井河治理的承诺，每一次孤立地看，都是那么真诚，而放在一起，则不免显出荒谬：不断地规划、不断地砸钱、不断地承诺、不断地返黑返臭——石井河的治理，究竟什么时候是个头？

这难免让人怀疑，石井河十几年的治理史，是否有个清晰的、一以贯之的思路？治理的资金投入、施工进度、重点难点、效果及问责，又是否有一本明白账？如果一度有效的截污、清淤、补水工程能让石井河"黑龙"变清流，为什么这些措施会在亚运结束后就迅速失效，以至于又要展开新一轮的截污、清淤？

关于石井河污染的原因，很久前就搞清楚了，无非是生活污水未经处理直接排放，以及企业偷排乱排污水，那么，相应的治理措施是否有足够的针对性？像之前报道中提到的仅仅对污染企业"断水断电"，如何能够治本？

省环保部门一方面抱怨广州市在推进河涌治理工作中的力度和决心，"与我们当初提的要求还有距离"，另一方面，所谓的"河长问责制"又从未真正问责过哪位官员，只是不公开地约谈了治理不力的个别官员，如此，怎能让官员真正重视河涌整治呢？

有环保官员称，"污水治理需要一个过程，感冒还要一个星期呢"，此话固然不假，但石井河毕竟已经治理了十几年，这么长时间，感冒都要拖成癌症了吧？

（原载 2016 年 5 月 19 日《新快报》）

▶ 河长问责制难产， 治水承诺如何兑现？

据报道，总投资达 130 余亿元的广佛跨界 16 条河涌整治工程目前只完成了一半，年底前完成工程难度大。广州市人大常委会日前就跨界污染治理发起专题询问，市水务局局长龚海杰表示，河长制应该是一个可倒查、可追溯、可问责的机制，要增加实责，目前广州正在细化方案，等方案确定后将向社会公布。

自 2015 年 4 月，广州市向社会公布了包括广佛跨界 16 条河涌在内的全市水更清 51 条河涌的"河长"名单及联系方式以来，一年多的时间里，如何问责河长的问题一再被提及，但至今，方案仍在"细化"中，可谓"难产"。

如果再联系到前段时间，广州市水务局副局长欧阳明曾表态，"按照中央和省关于撤并和规范考核检查评比活动的相关规定，暂时不出台河长考核办法"的说辞，就更让人困惑：河长问责制究竟是否还会出台？

这里涉及的一个比较关键的问题是：究竟由谁来制定河长制的问责办法？

按理说，河长制明确规定，市级层面的"河长"是市长，区级层面的"河长"是各区书记、区长或分管的副区长，而政府部门各行政长官由人大产生，对人大负责，自然应该由人大来制定相应的问责制。但现状是，很多规章制度是先由政府职能部门草拟，再提交人大审议通过，那么，政府职能部门怎么可能有动力去制定约束、问责自己的规章呢？而政府部门一旦有意拖沓推诿，人大似乎也只能徒唤奈何。说到底，关于河涌整治和河长制问责，人大在发起专题询问之外，还应更积极有为才是。

回到河长制本身，我们知道，河涌整治本身就是市长或区长分管的众多工作中的一部分，非要额外再给他们一个"河长"的称号，无非噱头而已；至于公布他们的手机、使之成为投诉热线，更是有哗众取宠之嫌。如果凸显任何一项工作重要性的方法都要靠这样单设一个"名头"甚至"职位"的话，这本身就说明当下政府职能部门运作中存在很大问题。

那么进一步的，是否还要再单独设立"河长问责制"呢？那就首先要反问：在目前行政运作体系中，其他各项工作的问责制落实得如何？如果其他工作的问责制也是付之阙如，那么河长问责制的缺失也不奇怪；而如果其他工作都有对应的问责制的话，对"河长"的考核其实也就不需要再叠床架屋地另搞一套，毕竟，如上所述，"河长"的职责本来就属于其分管工作的一部分，而政府部门的任何行为都应该是权责明晰、可问责的。

但众所周知，后一种情况是理想的应然状态，不是目前的实然状态，早前媒体就报道过，从化区和市水投集团因为没有完成 2015 年的河涌治理任务而被市政府通报批评，仅此而已，并没有进一步的问责——在河长问责制缺失的状态下，这似乎是公众能得到的最好结果了，但这样子的惩戒力度，又如何能让相关部门真正重视治水这项工作呢？又如何能让公众对治水效果依然抱有期待呢？

一边是治水工程进展缓慢，一边是官方不断推出新的措施、新的承诺，这不，广州市环保局官方网站上日前又挂出了一个以广州市政府名义下发的《广州市水污染防治行动计划实施方案》，这个据说是"史上最严"的方案以广佛跨界河流水环境综合整治为重点，提出 78 项措施，包括明确和落实各方责任、公众参与和社会监督的强化等，但如果没有问责制作后盾，后续落实情况真的值得期待吗？

（原载 2016 年 5 月 27 日《新快报》）

▶ 广州治水是纸上考题，更是现实难题

据本埠媒体报道，今年广州中考的思想品德科目中，不少考题很"接地气"，知识点考核与所在城市的新闻热点密切相关。比如试卷中提到，城市因水而生，黑臭河涌是困扰市民的一大顽疾，请学生为黑臭河涌的治理出谋划策。

"广州治水"入了中考试题，出题者有意识地引导中学生关注本地公共事务，培养公民意识，这本身值得肯定，但也不必过分拔高此事的意义，毕竟，治水这件事，不仅仅是一道纸上考题，它更是一道摆在广州市民面前几十年的现实难题。

广州治水这么多年成果寥寥，我等成年人心中的无力感，还是不要轻易因为中学生也开始关注此事就感到振奋才好。事实上，仅就我个人而言，反

倒是愧疚感更多一些——难道不是吗？砸了那么多钱下去，河涌却依然黑臭，究竟是哪里出了问题？

在很多人心目中，广州是内地最具"公民精神"的城市，其中中学生群体参与城市公共事务治理的表现更是抢眼，比如，反对地铁"统一化"改造的"举牌哥"陈逸华；举牌呼吁保护鲨鱼的"鲨鱼妹"邓茜元；就"水浸街"问题致信市长、给出对策建议的执信中学一群高中生；建言市委书记在"无车日"公交出行的高中生缪宜吟……

可以说，广州中学生对于城市公共事务的关注和参与一直都很有热情，对现实政治甚至也产生过很积极的影响。但归根结底，城市公共事务的治理，还是需要更为专业化和职业化的参与，学生的建议或有参考的价值，但考虑到现实的复杂性，这些建议的可操作性终究还是要打些折扣。

不仅是中学生的建议，即便是大学生、研究生写论文，高校的很多教师都倾向于告诫学生不要在论文中提太多对策性的建议，因为缺乏社会实践和阅历的对策建议，往往只是看上去很美，并不具有实践价值。对策研究是很难的，它要基于对现实的深刻了解，很多时候是各方博弈、妥协的产物。

况且，广州治水问题的症结真的在于缺少治理对策吗？那么多的专家建言，截污、清淤、建深隧、建污水处理厂、设立"河长"等措施多管齐下，多少河涌一度清澈，然后又返黑返臭，这根本不是缺少对策的问题，而是缺乏有效的监督和问责的问题。

对于城市中的公共事务，呼吁市民的关注并不难，尤其是考虑到生于斯、长于斯的本土情怀，市民对本地事务的情感投入和积极参与是非常自然的。难点反倒在于市民关注之后能做什么，如何才算有效的参与，参与的渠道在哪里、是否畅通，这才是最重要的。尤其是关于完善监管方面的建议，真的能被采纳吗？所谓的"河长问责制"不是到现在仍在难产之中吗？

需要警惕的一个问题是，广州治水越来越有封闭决策的倾向，从政策制定到权力监督，官方自说自话的倾向比较明显。比如去年9月，广州市政协委员韩志鹏曾在政协问政活动中就广州河涌治理问题向市水务局提出四点建议，市水务局两个月后发来的复函却是"免于公开"，激起一番舆论风波之后，水务部门才表示复函内容没有任何秘密，可以公开。

说到底，"广州治水"入了中考试题，在价值导向方面有值得称许的地方，但同时，它也从另一方面再次凸显出广州治水困局。有道是，中学生的试题，成年人的尴尬。

（原载 2016 年 6 月 20 日《新快报》）

▶ 问责制仍未出台， 年底如何问责 "河长"？

据广州市治水办通报，截至 2016 年 8 月 31 日，广州市最糟糕的 51 条黑臭河涌的治理工程已全部开工，工程总体完成率为 66%。其中广佛跨界 16 条河涌治理工程总体完成率为 63.2%。市治水办表示，工程的完工仅是治水工作万里长征的第一步。

大概很多人都已经习惯了政府部门在通报治水的阶段性进展时，变着法儿地强调治水的难度、任务的艰巨，什么"污染了 30 年，你想用 3 年把它恢复，不可能"，什么"工程完工也仅是治水工作万里长征第一步"，等等，总之各种降低公众期望的说法，直让人怀疑这河涌到底还有没有可能被治理好的那一天。

如果较真一下，会发现广州市治水办这个所谓"万里长征第一步"的说法是个非常狡猾的说辞，因为"万里长征"是成功了的，它在人头脑中唤起的是积极的、有希望的意象，可是广州的治水工作究竟能否成功、什么时候成功，谁也不知道，甚至会不会像亚运前治水那样再次出现"走一步、退两步"的尴尬局面，都是未知，因此，治水办还是不要拿"万里长征第一步"这样的比喻忽悠人了。

公众更为关心的是，官方之前定下的治水目标"到 2016 年年底前，广佛跨界区域 16 条河涌要基本消除劣 V 类水体，其余 35 条河涌消除黑臭水体"，究竟能不能如期实现？如果不能实现，该如何问责？要是连这个"第一步"都走不稳、达不到、无法问责的话，那又如何让人对今后的"长征"有信心呢？

事实上，广州的治水工作走到今天，已经完全变成了官方自说自话的游戏，官方既是唯一的治理主体，也是唯一的消息来源，媒体只有被动报道官方说辞的份儿：工程进度滞后了，官方解释说"受汛期雨季、施工准备、征地拆迁、资金落实等因素制约"，好，那就接受吧，没有人去细细追究其间的责任；对于下一步如何治理，官方许诺说，"将督促各区及市水投集团结合污染源查控、河道清淤、调水补水、生态修复等措施，建管并重，形成合力，逐步恢复河流生态"，好，那就相信吧，没有人去细细追问如何落实。

早前曾有声音呼吁，广州治水应该"一涌一档案"，甚至"一涌一账本"，不仅官方要详细记录每一条河涌的治理措施、投入资金、治理效果等，媒体也应该展开独立调查，联合民间公益力量，做社会的智库和"守夜人"，监督治水工作的落实。但遗憾的是，城中几乎没有一家媒体有意愿、有能力去做这样的事了，大家只能根据官方发布的语焉不详的信息来提出很浅层的批评意见，但显然，这丝毫不能对官方定论形成有杀伤力的质疑。

而一个更现实的问题是，眼看 2016 年年底就快到了，根据此前市政府与各区（县级市）政府、市水投集团等 13 个单位签订的 2014 年至 2016 年生态水城建设任务书，如果在规定的时间内没有完成任务，各区以及水投集团主要负责人作为"河长"将被问责，可现在，不但"河长问责制"细则没有出来，还有部分"河长"职务发生了变动，那么前任签的责任状，现任是否认账呢？追究责任的话，是追究前任，还是前任和现任分摊呢？这些细节问题拖宕至今没有答案，"河长制"可以宣告破产了。

（原载 2016 年 9 月 9 日《新快报》）

▶ 揭示被遮蔽的预设，
提一个好问题

先进的 APM， 不先进的服务理念

报载，珠江新城 APM 线（旅客自动输送系统）九个车站中仅有两站安装了无障碍垂直电梯连接站台和站厅层，近半车站只有单方向的手扶电梯，反方向除了走楼梯外别无选择，而歌剧院站出入口只有一条 85 级的木楼梯，腿脚不便者及携带行李的乘客要想搭 APM，只能望"梯"兴叹。

耗资 18 个亿、前年 10 月才开通的、享有"世界第一"之类美誉的 APM 线竟然在无障碍设施方面如此落后，真让人难以想象。看来广州的公共交通系统在技术上赶超世界第一或许不难，在服务理念上距世界第一差得就不知道有多远了——地铁厕所配备、无障碍设施服务莫不如此。

更让人无语的是地铁方面对此的回应，其承认 APM 线无障碍设施确实存在不足，但解释说这是因为 APM 站客流需求小，车站规模小，所以相应设施不能按照地铁的标准做到一应俱全。

APM 站客流需求小？真是一语泄露天机！要知道，APM 开通之初是预计日均客流在 5 万人次左右的呢！不知现在日均客流有多少？地铁方面能否公开一下客流数据，让大家评一评 18 亿元建的这个"先进"的 APM 线到底值不值？

APM 线当初的设计就是以服务观光旅游为主，以至于曾有评论将 18 亿元的 APM 和同德围的"华山一条路"进行对比，慨叹 40 万同德围街坊十几年的出行不便 PK 不过日均 5 万观光客的出行需求。如今地铁方面曝出 APM 站"客流需求小"的实情，这简直是给当初决策上马 APM 线的领导一记耳光嘛！

况且，"客流需求小、车站规模小"和"无障碍设施不符合地铁标准"之间有什么必然联系吗？难道残障人士不属于 APM 线的服务对象？再者，APM 线是广州近年才开通运行的先进的公共交通系统，本应该在无障碍设施的配套方面做得更好，想得更周到才对。

笔者想起在香港搭乘地铁时，常会看到残障人士熟练自如地使用地铁内的厕所、电梯等无障碍设施出行，而搭乘广州地铁时，少数几次看到残障人士，都是在地铁工作人员的帮助下出行，画面倒是很温馨，但终究觉得对残障人士来说不够方便，也担心在地铁方面人手不够的情况下，残障人士出行

不能得到很好的照顾，所以倒不如完善无障碍设施，方便他们自主行动。

另据报道，广州市委、市政府将每年的 12 月 12 日至 19 日定为助残服务周，在今年的服务周里，"广州各大商场、餐饮店、旅游景点、地铁等单位将为残疾人提供周到温暖服务和商品折扣优惠"，这一举措固然值得赞赏，但政府部门更应该明白，残疾人所需要的周到温暖服务显然不局限于这一周，而是在日常 365 天的生活中都需要，政府部门更应该做的，是完善地铁等公共交通的无障碍设施。否则，残障人士哪怕真想去商场享受什么商品折扣优惠，也得望着地铁里七八十级的台阶兴叹吧！

（原载 2012 年 12 月 13 日《新快报》）

▶ 耗资百亿建有轨电车有些蹊跷

广州城市交通系统又将上马新事物：报载，海珠区有轨电车建设进入实质性阶段，其采用一种中运量的新型有轨电车，100% 低地板等新技术，不过该技术还需论证。由于目前世界上并无该种电车投入运行的先例，所以广州此次建设有轨电车完全是全新的探索和试验。

BRT、APM、有轨电车……下一个又会是什么？广州城市交通为何总要"尝鲜"？第一个"吃螃蟹"的代价究竟多大？有市民认为，"城市公共交通的车辆规格、类型少一点，整个城市的公共交通工具采购、运行、维护成本会更低"，这话听来很有道理，城市交通工具配置本就应该首选那些技术成熟、比较通用的产品，否则总搞特殊定制，将来运行、维护都被供货商垄断，政府岂不是没有了谈判的筹码？

就拿号称世界第一的 APM 来说，它到底比地铁先进在哪？至少从乘车体验上，没感觉和坐地铁有什么不同，但相关部门却要为此另搞一套运营、维护标准。那么今后如果有轨电车项目搞起来，恐怕又要多一套标准，多一堆麻烦事。尤其海珠有轨电车项目采用的是从未投入运营的新型有轨电车，这意味着今后该项目的运营、维护就必然被中国南车株洲电力机车有限公司（以下简称南车株机公司）完全"吃定"。

有轨电车项目让人忧心的还不只是另立一套标准的事儿，其技术安全和可靠性同样让人担心。因为海珠有轨电车使用的是南车株机公司自主研发的、世界最大容量 7 000F 的超级电容器，但这种超级电容器不宜在温度超过 50℃ 的环境工作，而广州热天很长，超级电容器将如何应对这一局面、能否正常工作，南车株机公司并未透露。

这么关键的、涉及技术安全的问题，竟然不能向公众透露？这是何道理？相关政府部门是否应该出面说明一下：你们是否了解这一技术安全问题？如果不了解，又怎敢拍板签下合同？

有报道称，广州有轨电车的交通管理、应急预案都是问题，为了解决这些问题，市政府与中国南车集团共同出资 1 亿元，建立研究机构来解决这些问题。看来，广州真是不惜一切代价吃定由南车株机公司烹制的这个"大螃蟹"了，乃至在其技术安全、预案制定都还不甚完备的情况下，就毫无保留地支持这一家企业，这背后，有何蹊跷？

海珠有轨电车项目的投资问题是另一个引发热议的焦点：招标文件透露，目前有轨电车项目投资估算总额为 89.26 亿元，技术经济指标为 2.17 亿元/公里。不过等工程真正开工，预计项目的投资超过百亿。如此巨额资金，政府将通过"以地换路"方式解决。

那么，用超百亿的资金去搞一个有轨电车项目是否值得？政府能一下子筹够这百亿资金吗？今后会不会出现资金断裂？有轨电车即将开建的万胜围至广州塔的 7.7 公里的试验段投资初步估算为 14.84 亿元，也就是 1.93 亿元每公里，这个造价，和国内外类似电车项目相比，是高是低？政府部门是否应给出个参照供公众对比评判？在花钱这事儿上，政府还是不要过于自信了吧，毕竟，那都是从纳税人腰包里掏出来的钱。

（原载 2013 年 1 月 11 日《新快报》）

▶ 有轨电车会否重蹈 BRT "性价比不高" 覆辙？

备受关注的海珠区环岛新型有轨电车系统试验段已于日前动工，项目全长 7.7 公里，起于万胜围站，沿新港东路、阅江路布设，止于广州塔站。工程总投资 7.98 亿元，全部为财政资金，预计将于明年底建成并投入试运行。

在项目已动工之际再来讨论上马有轨电车的科学性与必要性，似乎为时已晚；但对于采用这种毫无运行先例的有轨电车，公众并非没有质疑，早前媒体的相关报道和评论中都有提到，诸如，为何在已有 APM 和地铁连接的万胜围至广州塔间又要建有轨电车？电车技术能否适应广州长时间的炎热天气？电车的管理与应急预案如何解决？新建一套交通标准会否使未来的采购和维护都被供货商独家吃定……

遗憾的是，这些质疑都没有得到回应，官方却喜滋滋地发布了"有轨电车无人反对"的环评调查结果，称发放的 130 份个人调查表和 8 份团体意见调查表中，无人表示反对——环评调查全然不顾媒体报道和评论中市民的质疑声，这种选择性失明的本事还真是挺难以企及的。

如今有轨电车试验段已经动工，公众的质疑却没有止步，目前最令人担忧的问题是：有轨电车会不会重蹈 BRT "性价比不高"的覆辙，进而难以推广？

提出这样的担心，是因为早前有媒体报道：有轨电车尚处试验期，但广州已规划建设 20 余条有轨电车线路，除海珠区外，增城、荔湾、天河都已规划修建方案。而且有轨电车项目的预期收益是要"建成国产化、本土化、无污染、低噪音的第三套交通体系的示范线，初步形成储能式超级电容有轨电车装备产业体系和系统集成服务产业体系"。

这样的宏图远景让人不免想起 BRT。当初 BRT 刚运行不过 3 个月，就有市领导高度肯定，称"实践证明，BRT 就是好！""我们还要选择其他可行的地方继续搞 BRT"。但最近广州市审计局局长张杰明在接受记者采访时称：BRT 的审计报告已经出来了，主要的结论是"公交快速道的性价比比 BRT 高"——有如此结论，再建第二条 BRT 怕是没可能了。

类似的还有 APM。当初 APM 刚运行不到半个月，效果尚未经实践检验，政府部门就打算在广州北站和新白云机场之间规划建设第二条 APM 线，以方便大量湖北、湖南的"高端客人"搭乘高铁到广州后可以直达机场。但目前，这第二条 APM 也没了影子，不知是否和 APM 列车造价远高于地铁车厢、与现有交通系统不兼容等问题有关。

也就是说，BRT、APM 都成了城市公交系统的试验品，成了难以推广的、"空前绝后"的事物，那么有轨电车呢？会不会重蹈 BRT 和 APM 覆辙？BRT 已有"性价比不高"的盖棺定论，APM 的审计报告目前还没公布，估计情况也不乐观，有了这些前车之鉴，政府部门还谈什么规划中的 20 余条有轨电车线路，谈什么"第三套交通体系"，真不怕再留下笑柄吗？

其实，有轨电车的"性价比不高"几乎是可以预见的，因为至少从这

7.7 公里的万胜围至广州塔之间的试验段来看，两地间已有地下的 APM 和地铁连接，地面上即使在高峰期也不拥堵，所以，无论是为观光还是为解决出行问题，开条普通的公交线路就可以搞定，完全没必要花高价另搞一套有轨电车系统。

于是，有轨电车推广就面临这样的悖论：只搞 7.7 公里的试验段，注定性价比不高；要提高性价比，就要大面积铺开建设，但有轨电车的实际运行效果如何尚不可知，贸然推广又极易造成更大的浪费。

可是，有轨电车项目已经开工了，公众纵然担忧又能如何呢？投资数十亿乃至数百亿的"吃螃蟹"性质的市政工程在广州也不是第一次了，BRT、APM 都没了下文、无法推广，却也没能妨碍政府部门再搞出个"有轨电车"的新名头尝鲜，反正都是财政买单，我等纳税人只有瞎操心的份儿。

（原载 2013 年 6 月 3 日《新快报》）

▶ 公交推广 LNG 当以 LPG 为鉴

广州市交委日前公布，从现在起，未来 8 年广州近万辆公交车将逐步实现 LNG（液化天然气）替代 LPG（液化石油气）的工作；而由于技术原因，广州 18 000 多辆使用 LPG 的出租车暂不考虑换气。

自去年 4 月放出"用 LNG 替换 LPG"的口风、引发舆论强烈质疑之后，政府部门低调酝酿了一年多时间，如今终于给出了 LPG 退出的时间表，但公众期待的有关近十年广州 LPG 推广的成败得失总结报告，却没有半点影子，只有市交委副主任一句简单的肯定："LPG 这十年为广州空气净化、解决公交车高排放污染起到了积极作用。"当然，在肯定 LPG 的同时，市交委也不忘指出，"LNG 相对于 LPG，无论是清洁环保，还是在经济运行效益，以及成熟程度上，都有一定的优势"。

好吧，简简单单的两句话，承上启下，就算给过去十年和未来八年广州公交行业使用的能源都定了调子。但是，从 LPG 过渡到 LNG，果然是这样简单的两句话就可以说清的吗？至少从财政投入上，纳税人也有权利问一句：推广 LPG 用了 24 亿元，推广 LNG 要用多少钱？政府部门专门发文规定企业采用何种能源，这手伸得是不是有点长？

据透露，政府部门已经明确要对 LNG 实施财政补贴，至于每一台车将会得到多少补贴额，还要进一步测算。过去 LPG 补贴公交车是 2 万元、出租车 2 000 元；而 LNG 相比 LPG 车，主要贵在气瓶上，综合发动机和其他成本，每台车大概贵 5 万元的购置成本。如果再考虑到 LNG 与 LPG 技术上不相容、LNG 需另起炉灶重新建气站的费用，那么财政补贴 LNG，远非 24 亿元能够满足。

说实在的，公交行业使用何种能源，竟需要市政府通过专门发文的方式统一强力推广，这背后的逻辑和行政依据还真是挺难让人理解的。按理说，公交车废气排放只要达到国家规定的标准就 OK 了，政府凭什么要求无论国企民企通通采用某一种清洁能源呢？企业自主选择柴油、电力、LPG 或 LNG 行不行？遗憾的是，企业经营的自主权在公交能源采用一事中完全被漠视，无论是当初推广 LPG，还是现在推广 LNG，公交企业的声音自始至终没有体现在决策过程中，而政府操纵市场的手段却越来越驾轻就熟了。

如今政府已经定下了"财政补贴 LNG"的调子，要求公交企业更换 LNG，这必然会导致企业对政府的依赖，进一步扭曲政府与企业之间的关系。想当初 2008 年，众多公交企业负责人质疑 LPG 推行之后"公交行业由微利转为亏损"，随后我们看到财政不得不向公交行业支付越来越多的补贴，那么政府此次大力推广 LNG，若因此进一步加剧企业亏损，会不会使得对公交企业的财政补贴成为一个无底洞呢？

当然，政府部门可以说，无论是当初推广 LPG，还是现在推广 LNG，都是为了推广清洁能源，是为了城市发展好。可是，这些所谓清洁能源的环保效果果真就比其他能源高出很多吗？是否有足够的数据支撑政府的这一决策？以 LPG 为例，2009 年时曾有五位市人大代表调研发现 LPG"既不经济又不环保"，但市交委等部门对此并没有拿出有力的证据进行辩驳。所以，当广州从目前"世界上使用 LPG 公交车辆最多的城市"有可能向"世界上使用 LNG 公交车辆最多的城市"大步迈进的时候，不能不让人担忧：政府在统一决策的同时，也将可能带来的风险规模推至最大化。况且，这些年广州推广的清洁能源是否真的对公交排放、空气质量起到了改善作用？8 年后待 LNG 推广完成之日，市交委会不会"一二三四，再来一次"，又要推广什么新能源？

（原载 2013 年 7 月 17 日《新快报》）

低性价比的 BRT 不应再有第二条

9 月 22 日，广州 BRT 成为 2013 年亚洲唯一获评"金牌标准"的 BRT 系统，主导该 BRT 研讨和建设的外籍人士卡尔·费指出，广州的环市路、三元里大道、黄埔大道等多条路段都是比较可行的第二条 BRT 建设地点；而 9 月 24 日，广州市审计局向市人大常委会提交的审计报告却显示，BRT 因设计不完善、征地拆迁和规划变化等原因导致损失浪费 1 073.73 万元，审计认为，若再建 BRT，要科学合理规划，适当扩建公交专用道，重视前期工作，严格执行基本建设程序。

一方面是 BRT 屡屡斩获国际大奖，包括 2011 年美国交通运输研究委员会年度会议上授予的"2011 年可持续交通奖"，以及 2012 年获选联合国"2012 年应对气候变化灯塔项目"；另一方面，却是审计部门对 BRT 屡屡唱衰，包括今年 5 月，广州市审计局局长张杰明直言，"公交快速道的性价比比 BRT 高"，且 BRT 正在整改中，牵涉单位特别多，包括交委、城投等。

对 BRT 的评价如此对立和分裂，那广州的第二条 BRT 该不该建，听谁的？如果由笔者来选，会毫无疑问选择听审计局长的，适当扩建公交专用道，不再上马第二条 BRT。为什么这样选？理由有三：

其一，上文中提到的广州 BRT 在 2011 年和 2012 年所获奖项，与 BRT 两侧的公共自行车系统密不可分，光荣并不都属于 BRT。若单纯以项目的获奖情况来判定要不要上马第二条 BRT，决策依据恐不充分。

其二，有报道称，BRT 开通后曾迎来国内外多批取经队伍，但目前还没听说国内外有哪个城市学习广州的先进经验成功上马了 BRT，广州的 BRT 审计也曝光了这样那样的问题，在这种情况下，国际友人颁发的这几个奖项让人颇有 BRT "墙里开花墙外香"的困惑。

其三，BRT 审计报告的完整版尚未公开，此时探讨第二条 BRT 是否上马为时过早。按照审计署的制度设定，整改完成之前，审计报告不能公开。目前公众只是粗略了解到 BRT 存在的诸多问题，就很是触目惊心，除上文提到的损失浪费 1 000 多万元之外，还包括：有 2 个 BRT 车站未按计划与地铁站进行衔接；项目存在先实施后报批或审批的现象；项目东段、西段尚未完成工程结算、决算以及总体竣工验收工作；部分已征土地仍被原使用单位占用，经审计指出，相关单位才补办场地移交手续；高估安全门和智能交通系统年设计用电量，实际用电量为估算三分之一……

笔者曾以为，今年5月关于BRT性价比不高的审计结论出来后，广州想再动用纳税人的钱去修建第二条BRT应该很难了，但现在却愕然发现，尽管BRT审计问题多多，却连续三年每年获颁一个国际奖项，似有拿奖拿到手软的趋势，这种由荣誉刺激产生的政绩冲动，让人不由得担心BRT项目更容易得到主政领导的青睐，进而顺利上马。

但愿笔者这些担忧是杞人忧天吧！不管怎样，讨论第二条BRT是否上马之前，公众有权要求公开BRT审计报告，毕竟，BRT自2010年2月初运行至今已有三年多时间，公众至今竟仍不知其实际造价几何，这无论如何是说不过去的。

（原载2013年9月25日《新快报》）

▶ BRT审计结果警示若再建要三思

广州市审计局日前公布的审计报告显示，BRT平均造价是公交专用道的87倍，但效果却与公交专用道相差不大。报告称，"BRT系统的成功运行和客运量增加，是以投入大量建设资金、征用土地拓宽路面、整治人行道、配合部分路口限制左转和掉头的交通管制、乘客在站台付费和免费换乘等措施，以及今后财政持续付出较高运营和维护成本为前提的"。

尽管去年5月广州市审计局局长张杰明已经简要通报了"公交快速道的性价比比BRT高"的审计结论，但限于当时整改未完成、审计报告不能公开，公众对于BRT被审计出的问题到底有多严重，一直缺乏准确的认知；及至近日审计报告公开，其间披露的事实才让"我和我的小伙伴们都惊呆了"。

先看BRT的造价问题。BRT项目平均造价8 070万元/公里，而公交专用道的平均造价约92万元/公里，前者的造价几乎是后者的88倍，效果却相差不大。这样的审计结论，若仅用"公交快速道的性价比比BRT高"来定性，那实在是有点轻描淡写了，那可是整整88倍啊，得浪费纳税人多少钱！这样的性价比，在决定上马 BRT 项目之前果真是完全预料不到的吗？

犹记得 2010 年 2 月 BRT 刚开通之时，建设部门曾表态即将开始工程结算，BRT 投资不会超过 7.23 亿元的概算，即平均每公里造价不会突破 3 157 万元。如今审计结论是 BRT 每公里造价 8 070 万元，两相对比，情何以堪？以全长 22.9 公里计算，BRT 总造价高达 18.48 亿元！这么多真金白银砸下去，换来了什么教训？还有人好意思再提建第二条 BRT 吗？

如果说"造价高昂"是 BRT 的第一宗罪，那么，"运营成本高"则是其第二宗罪。审计报告明确指出，BRT 成功运行的前提之一是"今后财政持续付出较高运营和维护成本"，至于这个"较高"具体是多少，报告里没明说；但根据报告披露的"BRT 管理公司经核定的 2011—2013 年每年 5 640 万元经营成本"可知，财政每年至少补贴 BRT 5 640 万元，补贴原则是"包干使用，超支不补，结余留用"。

这就相应地引出了另一个问题，即：BRT 公司会不会虚报运营成本来骗取财政补贴呢？至少从审计结果来看，这不是不可能的。审计显示，在 BRT 开通后的 2010 年、2011 年两年内，每年实际支付的电费仅是估算电费的 1/3，也就是说仅电费一项，BRT 公司每年就可以结余近 700 万元。

此外，审计报告还显示，BRT 项目的初步设计概算（不含征地拆迁和管线迁移）在开工前上报，在投入运营后才得到批复；可行性研究报告则在投入运营后才报送和得到批复。BRT 都开通运营了，其设计概算和可行性研究报告才被批复？这得是多牛的底气，才敢这样霸王硬上弓地开工建设？这不能不让人猜测：BRT 强行开工背后，究竟有何背景？违规施工，又当如何处置？

BRT 审计报告揭露出的问题如此触目惊心，或许超出了很多人的预料，不知这会让之前授予其诸多奖项的国外友人作何感想。我想，无论如何，这样的 BRT，广州不要再有第二条了！

而眼下更重要的问题是，审计报告既已公开，那么相应的整改结果理应同步公开，满足公众的知情权。当初张杰明局长称 BRT 整改牵涉单位特别多，包括交委、城投等，那么具体涉及哪些单位和个人，牵涉多少资金，具体又是如何整改的，期望审计局给公众一个交代。

（原载 2014 年 1 月 2 日《羊城晚报》）

▶ **是谁把 "公交优先" 问题偷换成 "BRT 模式推广" 问题?**

　　在中山大道第一条 BRT 开通近四年之后,广州要兴建第二条 BRT 的意图愈发呼之欲出。只不过,这第二条 BRT 的讨论时机选得实在不怎么样。

　　为什么说市交委选择此时讨论第二条 BRT 修建是不智呢? 其一,审计局在 2013 年的最后一天刚刚公布了 BRT 审计报告,其中 "BRT 平均造价是公交专用道的 88 倍,但二者效果相差不大" 的结论引发舆论大哗,很多人认为低性价比的 BRT 不值;其二,广州市交委原本准备在 11 日上午向城建公咨委提交 BRT 材料,却在会议的前一晚临时撤换议题,引发公咨委众委员不满,媒体据此大做文章,使 BRT 议题想低调也不能。

　　不过,市交委选择时机的不智,恰恰为 BRT 议题的讨论提供了一个绝好机会,使更多的公众开始关心:广州究竟还要不要建第二条 BRT?

　　就我个人而言,在 BRT 审计报告出来后,我觉得第二条 BRT 要不要建这个问题已经没有讨论的必要了——BRT 性价比那么低,要它作甚? 因此当我看到交委竟还像模像样地拿出 8 个方案来讨论第二条 BRT 应该建在哪,实在是很无语。敢问交委:对于审计报告中涉及交委方面的整改问题,你们整改得如何了? 究竟有哪些人具体被追究了什么责任,要不要先公布一下?

　　当然我个人对 BRT 的意见未必有很广泛的代表性,BRT 一定有其受益者,有其反对者,也有对其无动于衷者。讨论 BRT 要不要建,要充分考虑和平衡各方意见。那么这就要回到问题的最初:建 BRT 的目的是什么? 应该是发展公共交通、减少交通拥堵。那么为达到这个目的,理应有多种解决方案,建 BRT 只是其中一种,为什么现在讨论的议题竟然会变成选择哪一条路再建 BRT 呢? 是谁把 "公交优先" 的问题偷换成了 "BRT 模式推广" 问题? 将 BRT 作为解决道路拥堵的必选项,非要选择一条路再建 BRT,是不是 "削足适履"?

　　必须承认,在城市建设中,有相当多的问题在寻求解决之道时被悄悄偷换了议题,被某些利益集团绑架成了项目推广问题,这是必须予以警醒和重视的。在发展公共交通、缓解拥堵的前提之下,建 BRT 也好,修地铁也好,划公交专用道也罢，各种方案都可以摆在台面上来谈，交委也理应对各种方案的利弊给予周全的考量——仅考虑通行速度的提升、"比快"是远远不够的，要考虑不同方案所需的建设成本、财政的后期投入、建设周期、对街区生态的影响等诸多方面。任何一种方案肯定都是有利有弊的，但总有一种相对更适合当下的选择。

就拿 BRT 来说，审计报告明确指出，BRT 系统的成功运行和客运量增加，是以投入大量建设资金、征用土地拓宽路面、整治人行道、配合部分路口限制左转和掉头的交通管制、乘客在站台付费和免费换乘等措施，以及今后财政持续付出较高运营和维护成本为前提的。因此，在讨论是否要修建第二条 BRT 的时候，无视政府部门对 BRT "不计成本"的投入和"开小灶"行为，只看到它对公交速度的提升和票价的低廉，是不科学的。

而伴随 BRT 讨论所浮现出的另一个值得注意的问题就是，在权衡各种方案的利弊之后，谁才有最后拍板决定 BRT 建或不建的权力？

这就不能不提到公咨委在政府决策中的尴尬角色。公咨委对很多项目的表决通过，会不会给政府部门提供了一条绕过人大表决，又为自身决策套上民意合法化外衣的捷径呢？要知道，公咨委的存在，并没有经由民众法定的授权程序，不能天然地代表民意。那么，第二条 BRT 究竟建或不建，公咨委表决通过不代表民意认可，政府单方面拍板又缺乏民意支撑，最终，可能还是要提交人大审议才算数。

犹记得 2012 年 5 月间，媒体曾报道广州市交委下属站场中心将自筹 6 000 万元在珠江新城马场西侧建设一座 6 层的新办公大楼，用作 BRT 新调度中心。当时笔者即撰文，感慨要有怎样的 BRT 规模，才能匹配这 6 层的调度中心？而从现已出炉的 8 个 BRT 备选方案来看，原来一切都是有伏笔的。锤子的眼里只有钉子，力推 BRT 的决策者眼中呢？怕是没有一条马路不能改造成 BRT 吧！

（原载 2014 年 1 月 13 日《新快报》）

▶ **广州将有轨电车定位为 "第三套公交系统"
为时尚早**

广州市将试点引入新型有轨电车作为第三套公交系统，市政府日前就其规划建设工作向市人大常委会汇报时表示，新型有轨电车的造价仅相当于地铁造价的约1/6，但载客量高，在同等客流量下，与 BRT 和常规公交相比所需车辆较少。此外，有轨电车的能耗、废气排放量只有 BRT 和常规公交的一半左右。

看上去，政府将有轨电车描述得"就是好呀就是好"，但问题是：为什么在比较造价时，将有轨电车和地铁比；在比较载客量时，却让有轨电车与 BRT 和公交车比呢？这样有选择性地挑选参照对象来比较，能说明什么问题呢？

按理说，既然政府有意将新型有轨电车作为广州的第三套公交系统来打造，那么就应该将有轨电车系统与地铁、公交系统做一个整体性的、全方位的比较，权衡在不同路段之间，三套公交系统的综合性价比到底谁高谁低，进而再确定使用哪一套公交系统，唯有进行这样的综合比较，得出的结论才是有参考价值和说服力的。

更何况，"有轨电车造价是地铁造价1/6"的说法其实也存疑。因为去年1月媒体曾报道称"7.7公里有轨电车试验段投资初步估算为14.84亿元"，即每公里造价1.93亿元，而自去年6月起，数据就变成了"7.7公里总投资7.98亿元"，即每公里造价约1亿元，数额一下子削减了近一半，这到底是怎么回事？是之前估算错误，还是为了减轻舆论压力而在数据上"做文章"，让有轨电车的投资看上去没那么高？

不过，投资估算终究只是估算，现在争论它高或低意义还是有限，最终要看有轨电车的实际造价如何，但愿它不要像 BRT 那样，当初估算每公里造价不会突破3 157万元，结果审计发现平均造价每公里8 070万元，是当初的2.5倍还多。

相比于纳税人对有轨电车巨额投资的斤斤计较，政府方面似乎很大方。对于"有轨电车何时才能盈亏平衡"的质疑，市政府表示，有轨电车项目作为公共设施，其公益性较为突出，在网络规模效益形成前和运营初期暂难实现盈亏平衡，需加强运营管理。

瞧瞧，政府根本就没把有轨电车近 8 亿元的投入当回事，人家简直是把有轨电车当作公益事业来投入的！可问题是，公共设施就不讲性价比了吗？选有轨电车而弃公交地铁，到底是好"尝鲜"还是有什么不得不为之的理由，政府方面应给出更令人信服的说法。

更让人无语的是"在网络规模效益形成前和运营初期暂难实现盈亏平衡"这一说法，意思无非是说，海珠有轨电车试验段亏损是正常的，但仍要砸钱继续推广，形成规模才可能盈利。这是否在为政府不计成本地把有轨电车建成第三套公交系统埋下伏笔？

事实上，自广州要建新型有轨电车项目消息传出之后，争议就一直不断。最新报道称市人大常委会组成人员在分组审议时提出，新型有轨电车的推进要谨慎论证。这话听起来实在很讽刺，海珠环岛有轨电车试验段已于去年底开建了，人大现在才站出来提醒"谨慎论证"，是不是有点"马后炮"？

尽管广州市已决定将有轨电车作为第三套公交系统来打造，甚至决定要分区、分重点做好新型有轨电车的规划论证和建设工作，但我还是对有轨电车未来的运行与推广持保留态度。为什么？看看广州的 APM、BRT、黑漆路就知道了，这些当初像宝贝一样被引进来的新事物，哪个不是巨额资金砸下去建设的？可到现在，又有哪个推广成功了？广州主政者应该认识到，若要新建一套有轨电车公交系统，其相应带来的技术保障问题、环境影响问题、招标采购问题等会有很多，不是想象得那么容易，现在就将其定位为"第三套公交系统"，为时尚早。

（原载 2014 年 2 月 14 日《新快报》）

▶ 公交能源推广不能总搞 "一刀切"

广州市常务副市长陈如桂日前在市人大会议上透露，到 2015 年广州将推广 1 万台电动公交车，所有出租车也要更换更清洁的能源。

那么，不计算出租车那部分的更换费用，仅以目前广州 1.1 万台公交车总数来估算，这一计划相当于把全市几乎所有公交车全部换新；若以最便宜的单价60万元一辆电动公交车计算，则至少要耗资60亿元。

花60亿元更换公交车？这一说法究竟是政府吹风试探民意，还是即将采取的确定动作？市交委方面称，暂未收到全市要推广1万辆电动公交车的通知，建议记者向发改委等部门了解一下。

尽管更明确具体的消息仍有待政府方面进一步释疑，但从市"两会"上传出这样的风声还是让人不安。记得去年7月广州市交委才宣布，未来8年广州近万辆公交车将逐步实现LNG（液化天然气）替代LPG（液化石油气）的工作；而如今不过半年时间，就传出要推广电动公交车的消息——这样的政府决策即便不算朝令夕改，至少也是让人无所适从的。

目前公众最想知道的是：公交更换LNG还要不要继续进行？去年12月市政府刚通过《广州市天然气（LNG）加气站发展规划（2013—2020年）（稿）》，提出到2020年，广州将建设126座LNG加气站；其中2014年计划建设加气站35座。那么现在又提出推广电动公交车，这LNG气站究竟建还是不建？

每一次更换公交能源，相应的财政投入都不是小数目。据称LPG推广用了24亿，LNG推广费用尚不明确（媒体预测绝不会少于LPG推广费用），那么电动公交车推广呢？仅购置费用预计已达60亿元了（这还是最保守的估算），其他诸如配套充电桩的建设等，还要花钱。这样一笔巨额资金，无论对于公共财政还是公交企业，都将是难以承受的负担。

尤其不能忽略的是电动公交车高昂的运营维护成本。报道称，广州目前仅有26台纯电动公交车，这些车使用一两年后都出现了蓄电池寿命下降的问题，不仅单次充电时间越来越长，充电后行驶里程也越来越短，运营维护成本远高过普通公交车。对于这些问题，政府部门是否了解，又将如何应对？

其实之前舆论已有担心：政府发文要求公交企业更换清洁能源可能有悖市场精神，毕竟，不管企业采取何种能源，只要其符合国家规定的相关标准，政府有什么权力要求其统一更换成某一种清洁能源呢？企业因遵从政府文件要求而利益受损，进而要求政府补贴，岂非让政企关系更加复杂暧昧？

现在政府以减少污染排放为由推行电动公交，那敢问早前以清洁能源为名推广LPG，真的减少污染排放了吗？早有人大代表质疑LPG"既不经济又不环保"，但交委一直未能拿出有力证据反驳，对舆论呼吁的"发布近十年广州推广LPG得失总结报告"更是置若罔闻。如今竟在一刀切推广能源方面越走越远，有何公信力可言？

还需指出的是，广州对于清洁能源的推广决策似乎总有落后于周边兄弟城市的嫌疑，比如深圳 2007 年就弃用了 LPG 车辆，改用 LNG 车辆，佛山中心城区 2010 年也在主推 LNG，唯有广州，彼时仍在发展 LPG。这种落后的决策到底基于何种原因，其背后有无利益动机，很值得探究。

之前笔者曾在《公交推广 LNG 当以 LPG 为鉴》一文中发问："8 年后待 LNG 推广完成之日，市交委会不会'一二三四，再来一次'，又要推广什么新能源？"看来等不到 8 年，新一轮的折腾很可能又要开始了。问题是，推广 LNG 时，尚承诺留足 8 年时间，称要等到车辆达到法定报废年限、申请更换新车时，才强制要求更换 LNG 公交，那么现在推广电动公交，是准备霸王硬上弓地一刀切吗？

（原载 2014 年 2 月 21 日《新快报》）

硬推 BRT 模式有 "削足适履" 之嫌

距离今年 1 月初广州市交委临时撤换 BRT 议题供城建公咨委讨论一事，已经过去了整整三个月，就在公众以为 BRT 议题可能就此搁浅的时候，有关部门一下子拿出了两套方案，提出"广州大道—番禺大道"与"黄埔东路东延线"这两条通道，有望优先入围广州第二批 BRT 建设计划。

啧啧，看看，之前讨论第二条 BRT 要不要建、应建在哪儿，已经惹得满城风雨了，如今竟顶风而上，从"第二条"，一下子变成了"第二批"BRT 建设计划，看这样子，莫非以后还会有第三批乃至第四批？政府相关部门推广 BRT 的意图真是足够明显啊！

不管怎么说，"广州 BRT 网络拓展研究分析"已经完成了，下一步就会提交公咨委讨论了，届时是两条 BRT 都会被批准建设，还是变成"二选一"的打勾游戏，且拭目以待。

可是，"第二条"也好，"第二批"也罢，关于 BRT 讨论的大前提，难道不应该先回到"要不要建"这个问题上来吗？公众讨论的应该是如何改善广州的交通拥堵问题，建 BRT 只是其中一个选项而已，备选项还应该有公交专用道、地铁或轻轨，是谁把"公交优先"议题偷换成"BRT 模式推广"问题？

记得今年1月，广州市市长陈建华曾明确表示，要不要再建BRT、在哪里建、按怎样的标准建，都需要讨论，"没有说要大规模地推进"。市长的表态是很开明的，但相关的讨论却始终没有按市长的希望，先回到"要不要建BRT"这个大前提下来，而是在"选哪儿建第二条BRT"的歧路上越走越远。

必须指出，相关部门所谓的"BRT网络拓展研究分析"，一上来就考虑可以选择哪些道路建设BRT，是一种削足适履的思维模式。（在这里要插一句的是，我一直很讨厌这个神秘又模糊的"相关部门"，但是报道中确实自始至终没有交代，市交委究竟委托哪个单位在做BRT拓展的研究分析。）

报道中提到，相关部门从57条高客流路段中选出8条备选通道，认为"这8条备选通道目前都已满足BRT设置条件"。这句话明白无误地暴露出：在考虑BRT推广问题时，有关部门并没有从道路本身出发，讨论改善这条道路的通行速度可以采取哪些备选方案；而是从BRT推广的策略出发，看哪条路可以改造成BRT——如果这都不算削足适履，我不知道怎样才算？

那么交委为什么不比较一下，这8条备选通道是否更满足划公交专用道的条件？如果在这8条通道上先划公交专用道，或是改变一下路上的红绿灯设置，又或是把所有占道施工的工地都搬开，它们的通行效果会不会有明显改观？在其他方案都没有尝试的情况下，只想着适不适合推广BRT，这样僵化的治理思路，怎么能改善交通拥堵呢？

此外，之所以有那么多反对建设第二条BRT的声音，与BRT投入和产出不成正比有非常重要的关系。之前审计报告称，中山大道BRT每公里平均造价为8 070万元，是公交快速道的87倍，但二者效果相差不大；而维持BRT的运行更需要财政每年至少补贴5 600多万元。这样巨额的投入如果复制到"第二批"长达48.8公里的BRT上，财政果真承受得起吗？

（原载2014年4月18日《羊城晚报》）

▶ 试验运行情况未知， 有轨电车且慢谋划推广事宜

报载，广州首条有轨电车试验段今年底即将开通，试验段起于万胜围站，止于广州塔站，线路全长约7.7公里，共设置11座车站。据广州有轨电车公

司称，在试验段成功的基础上，下一步计划把有轨电车推广至越秀、荔湾、天河等中心城区。

有轨电车试验段情况如何尚未可知，就谋划着推广事宜，这腔调，和当初大张旗鼓地建设 BRT、APM 时如出一辙，但目前第二条 BRT 正难产中，第二条 APM 也未落实，所以，还是且慢勾画有轨电车推广的蓝图吧。

况且，有轨电车的海珠试验段如何才算"成功"呢？领导试乘一下、表态说好，就算成功了；还是等待一段时间检验（特别是高温、暴雨、水浸街的检验）后再来判定呢？可惜定义"成功"的标准从来不掌握在公众手里，将来有轨电车能不能推广、该不该推广，想来市民也是无缘置喙的。

广州公交系统一直以来对新事物的热衷和不计成本的投入已经不用多说了，这从修 BRT、建 APM，推广 LPG、LNG 公交等事情上，已经明白无误地显示出来。而每每上马一项新事物前，相关政府部门对新事物不遗余力的鼓吹，又不能不让人担心：他们是否全面考量了新事物的利弊？只有优势、没有劣势的新事物果真存在吗？

就拿有轨电车来说，广州地铁总公司总经理、广州有轨电车公司董事长丁建隆称，"无论是噪音、震动、节能、工程造价都有很多优势"，假如按照 2 分钟一列或者 2 分半一趟车，有轨电车每小时的运量达到地铁编组的四分之一到五分之一，但它的造价只有地铁的六分之一。

但这里须提醒公众注意的是，有轨电车共有 4 节车厢，73 个座位，最大载客能力 368 人，预计发班间隔为 10 分钟，这种发车频次与上述对比情况下假定的 2 分或 2 分半发一趟车相距甚远，因此有轨电车的运力统计中是有水分的；至于造价，之前已有评论文章质疑，有轨电车每公里的造价突然从最初公布的 1.93 亿元降为 1 亿元，有减轻舆论压力的嫌疑，且投资估算终究不能代表实际造价，BRT 每公里的实际造价不是比当初估算的 2.5 倍还多吗？

这样看来，相关政府部门在一开始论证有轨电车的优势时就没能做到诚实对待，这就不免让人担心，如果政府部门未来意图推广有轨电车，他们拿出的数据是否准确可靠？

广州有轨电车公司董事长丁建隆表示，有轨电车项目论证了接近 3 年时间，试验段选择在海珠，也是有多方考虑的，主要是环境比较适合，特别是交易会期间，有轨电车和地铁可以方便地接驳——可是，万胜围和广州塔之间，不是已经有地铁和 APM 连接了吗？为什么不能选择广州城中出行相对困难和拥堵的地方做试验？

说到底，这种锦上添花举动的背后，无非是决策者头脑中以服务外地游客而非服务本地市民为上的思维在作祟。除了上文中提到有轨电车在交易会期间方便接驳之外，报道中还提到，有轨电车开通时，将要求司机人工播报广州的景点特色，同时还将与交响乐团合作，在有轨电车停车场举办音乐会等方式，推广广州的人文特征——至此，有轨电车以服务游客观光为主，而非以缓解广州交通拥堵的功利性目的尽显无疑。

其实舆论这一年多来对有轨电车非议了这么多，在某些决策者眼里，很可能完全无碍于有轨电车项目的上马和推广，舆论能做的，也不过是立此存照罢了。

（原载 2014 年 5 月 30 日《新快报》）

▶ 有轨电车争议中上马， 摊子先别铺那么大

尽管从立项到施工始终伴随着争议，但广州首条有轨电车线路（万胜围至广州塔段）还是将于今年底正式投入运营。而在此之后，广州还将启动另外 6 条有轨电车线路的立项和建设工作，并在全市初步规划了 1 000 公里的有轨电车线网——这是目前广州已经通车的地铁线路长度的 3 倍多。

有轨电车尚未经过正式运营的检验，但其线网规划已在全市全面铺开，对于官方如此豪迈的蓝图，广州市民应该不会感到惊讶：BRT、APM、深隧等诸多城建项目在上马之初，哪个不是抱着全面铺开的打算？至于今后能不能真的推广开来，则是另一个问题了。

近日已有部分市民和记者试乘了首列新型有轨电车，从报道来看，有轨电车确有很多新鲜好玩的地方值得搭乘尝鲜，但我们依然需要回到问题的最初，追问一下：究竟为什么要在海珠区建设有轨电车试验段？

是为了解决该路段市民的出行难问题吗？答案恐怕是否定的。据广州有轨电车公司预计，在琶洲规划和生态城规划未完全落实，总部经济区未完全建成前，试验段开通首年会存在客流量暂时不足的情况，因此有轨电车公司正与文化教育部门及相关企业、组织洽谈合作，未来在沿线开展多种多样的文化创意活动，吸引人们乘坐有轨电车前来参加。

有轨电车客流不足，以致需要搞活动吸引人们去乘坐——不知这样的消息让那些饱受出行之苦的市民们听到会做何感想？若再联想到之前发生的两

起涵洞吞人事故背后，是成千上万的市民要么穿行危机四伏的涵洞、要么绕行数公里才能往来通行的无奈现状，真是让人情何以堪？

有媒体问："我们真的需要有轨电车吗？"这确是一个值得思考的好问题，究竟是谁需要有轨电车？是民众的需求还是政绩的需要？在仍有大量市民连基本的安全、便捷出行都无法保证的情况下，这个需要主动吸引客流的有轨电车项目，其上马的理由果然充分吗？

而当媒体报道揭示出有轨电车项目背后牵涉到 1 000 亿元的轨道交通产业时，一切忽然就说得通了。报道称，广州市发改委今年初提出未来要争取发展出 1 000 亿元的轨道交通产业，认为如果有轨电车的设备能在广州自产自销，这个产业就会慢慢成为广州的核心竞争力，甚至成为广州新的支柱产业。

如此宏大的愿景固然让人心动，但公众却不能不担心：如果有轨电车的试验段不成功怎么办？让有轨电车产业成为广州的支柱产业，究竟有多少成功的把握？一旦失败，谁来承担这试错的成本？毕竟，目前估算有轨电车每公里的造价为 8 000 万至 9 000 万元，全靠财政投入。

提出这些让人不快的问题，倒不是一定要给有轨电车泼冷水，而是这些问题本就应该在项目上马前考虑清楚，并向纳税人有所交代。譬如现在有轨电车尚未正式运营，另外 6 条线路的立项工作就在筹备了，这会不会有点操之过急了？究竟有轨电车能否有效应对水浸街、台风天，能否防雷及避免漏电，能否及时清除轨道上的异物确保行车安全等，至少需要一年的时间来观察，才有资格谈试验段是否成功，以及是否值得推广的问题。

诚然，在中国现实的语境下，地方政府肩负着发展经济的压力，这或是官方力推有轨电车项目的重要原因，但对于主政者一而再、再而三地拿着纳税人的钱试错、上项目的冲动，公众又不能一直沉默下去。政府理应更多地考虑如何做好民生保障，比如尽快完成涵洞排水设施改造，保障市民安全、便捷出行。而试图以上马有轨电车来"提升广州都市形象"，效果其实很有限，毕竟，年复一年地发生涵洞吞人的惨剧，这对城市形象的伤害岂是建有轨电车所能修复的？

（原载 2014 年 9 月 16 日《新快报》）

▶ 有轨电车争议再起， 核心问题不能回避

据本埠媒体报道，广州有轨电车海珠试验段存在破坏沿线步行道、占用人行道施工等现象，造成市民步行及过街不便。有专家表示，有轨电车号称绿色交通，却对行人体验、步行系统如此藐视，令人惊讶。

对于有轨电车留下这些"手尾"，我个人倒是并不感觉意外，所谓藐视步行系统、行人体验，不过是有轨电车一贯以来强硬风格的延续而已。要知道，有轨电车从立项到施工一直伴随着巨大争议，如果不"藐视"，而是遵从民意的话，有轨电车恐不会这样顺利上马，更不会在尚未运营之前就豪迈地规划起全广州 1 000 公里的有轨电车线网了。

也就是说，相比有轨电车上马前有关其必要性、可行性等争议，现在"生米煮成熟饭"的情况下，有轨电车破坏、占用人行道只是一些无足轻重的非核心问题，至少不会动摇有轨电车继续推广修建的根基。所以对于这些问题，无论是有轨电车公司方面，还是行政部门，自然也会摆出虚心纳谏的姿态，乐于纠正。

譬如，对于市民反映的红绿灯位不足问题，广州市有轨电车公司方面表示，将考虑并研究是否增加天桥等过街设施，尽量让市民和乘客出行更方便，并欢迎市民提供意见，为日后其他有轨电车线路的建设积累更多有益的参考。

看看，天桥等过街设施建不建，是需要考虑研究的，但其他有轨电车线路日后则是肯定要修建的。有这样的底气在，有轨电车海珠试验段给市民带来这样那样的不便，又有什么可惊讶的呢？但在此，笔者还是不能不老调重弹，提醒主政者审视全面铺开有轨电车系统的必要性和风险所在。

一是造价问题，有轨电车究竟是不是现有公交系统中性价比最高、适宜在不同地段推广的交通工具？目前海珠试验段的造价尚未统计出来，但从其给周边环境造成的影响乃至破坏来看，是不是应该把未来增设过街天桥、改建人行通道等费用也包括在有轨电车的造价决算里呢？因为这些额外的公共设施，如果不是因为有轨电车，是本不必花钱修建的，所以考虑有轨电车每公里的造价，这些额外费用应该均摊在其中。

二是安全问题，有轨电车究竟能否适应广州长时间的高温、能否熬过水

浸街的考验，这些目前都是未知数。因为广州的有轨电车技术之前并未在世界其他地方有过投入运行的先例，属于全新的探索和试验。既如此，就不必急于谈推广问题，而应给予充足时间来考验有轨电车运行的稳定性和安全性。

三是程序问题，上马有轨电车，进而在全市启动另外 6 条有轨电车线路的立项和建设工作，这是城市公共交通建设中的重大事项，理应经由人大审议决定，但遗憾的是，从海珠试验段开始，有轨电车的决策就将人大排除在外，而由政府一家拍板，这种程序上的僭越，为公共决策埋下了太多不可知的风险，也非纳税人之福。

因此，媒体在关注有轨电车占用、破坏人行道之外，可能更需将关注的重心转移到上述核心问题上来，并时刻盯紧政府，不能任其一味回避下去。

（原载 2015 年 2 月 12 日《新快报》）